# OREMOS EN EL PODER DEL ESPÍRITU

## NEIL T. ANDERSON

Publicado por
Editorial Unilit
Miami, Fl. 33172
Derechos reservados.

Serie Rompamos las Cadenas
© 2004 Editorial Unilit (Spanish Translation)
Primera edición 2004

Originalmente publicado en inglés con el título:
The Bondage Breaker ™ Series
*Praying by the Power of the Spirit*
© 2003 por Neil T. Anderson
Publicado por Harvest House Publishers
Eugene, Oregon 97402
www.harvesthousepublishers.com

The Bondage Breaker ™ Series
*Praying by the Power of the Spirit*
Copyright © 2003 by Neil T. Anderson
Published by Harvest House Publishers
Eugene, Oregon 97402
www.harvesthousepublishers.com

Ninguna parte de esta publicación podrá ser reproducida, procesada en algún sistema que la pueda reproducir, ni transmitida en alguna forma o por algún medio electrónico, mecánico, fotocopia, cinta magnetofónica u otro excepto para breves citas en reseñas, sin el permiso previo de los editores.

Traducción: Pedro Vega Ríoseco
Edición: Rojas & Rojas Editores, Inc.

Las citas bíblicas se tomaron de la Santa Biblia, Versión Reina Valera 1960
© Sociedades Bíblicas Unidas; *La Santa Biblia, Nueva Versión Internacional*
© 1999 Sociedad Bíblica Internacional. Usadas con permiso.

Producto 495337
ISBN 0-7899-1186-8
Impreso en Colombia
*Printed in Colombia*

# Contenido

1. Escuchemos a Dios . . . . . . . . . . . . . . . . . . . . . . . . . . 7
2. Libertad por medio de la oración. . . . . . . . . . . . . . . . . 19
3. Progreso en la oración . . . . . . . . . . . . . . . . . . . . . . . 33
4. Intercedamos en oración . . . . . . . . . . . . . . . . . . . . . 45
5. Vivamos en el Espíritu . . . . . . . . . . . . . . . . . . . . . . . 59
6. Cuando el cielo guarda silencio. . . . . . . . . . . . . . . . . 75
7. Intimidad con Dios. . . . . . . . . . . . . . . . . . . . . . . . . . 93
   Notas . . . . . . . . . . . . . . . . . . . . . . . . . . . . . . . . . 128

*A mi hijo, Karl, y su nueva esposa, Rachel.*
*Ustedes están iniciando una nueva vida juntos.*
*Que el Señor les guíe, proteja y satisfaga todas sus necesidades*
*conforme a sus riquezas en gloria.*

### Reconocimientos

Durante sesenta años la gente ha edificado mi vida. Libros y cintas por autores que nunca conocí contribuyeron a mi crecimiento en Cristo. Siento gratitud por todos los maestros que he tenido a lo largo de los años. Estoy seguro que cada uno de ellos ha hecho una contribución en este libro.

Quiero dar las gracias al Dr. Robert Saucy por leer el libro en borrador y por agregar valiosas ideas, además de hacer sugerencias sobre el manuscrito original. Tengo el mayor de los respetos por él porque sé que ama al Señor y está comprometido con la verdad.

También estoy agradecido de mi esposa, Joanne. Ha sido mi fiel compañera que me apoya y ama tanto como para darme una honesta retroalimentación.

Siento una profunda gratitud por el Dr. Bill Bright y el personal de Cruzada Estudiantil para Cristo. Encontré al Señor por medio de su ministerio. Años más tarde yo fui uno entre centenares de personas que dedicaron su vida al ministerio cristiano en Expo 72, en respuesta a un mensaje del Dr. Bright (en ese tiempo yo era un ingeniero aeroespacial). Fue Here's Life Publishers, un ministerio de Cruzada Estudiantil para Cristo, lo que me motivó a ordenar el manuscrito original de este libro.

Finalmente, quiero dar las gracias a todos mis amigos de Harvest House. Ustedes me facilitaron el proceso de escribir, y sus ideas me ayudaron a ser un mejor autor.

# Prefacio

Este excelente libro será una gran ayuda en la vida de oración de cada cristiano. A medida que lo leí, capítulo por capítulo, encontré que mi relación con Dios se renovaba. Neil Anderson reúne las enseñanzas de la Biblia y sus años de experiencia como pastor, consejero y profesor, y el resultado es un libro sabio, sensato, equilibrado y bíblicamente profundo que rectifica muchos malos entendidos sobre la oración y la vida cristiana.

Encontré especialmente significativo el último capítulo. Después de vivir más de 50 años como cristiano y después de enseñar más de 25 años como profesor de Biblia y Teología, dediqué con especial cuidado dos horas para utilizar los siete «Pasos a la libertad en Cristo» y aplicarlos a mi vida, lectura que a viva voz sugería la oración. Dios usó ese proceso para traer a mi mente una cantidad de pensamientos y actitudes que Él quería que yo rectificara, y luego me impartió un sentido maravillosamente refrescante de libertad, paz, gozo y comunión con Él.

Wayne Grudem, Ph.D.
Profesor investigador de Biblia y Teología
Seminario Phoenix, Scottsdale, Arizona

CAPÍTULO UNO

# Escuchemos a Dios

*Orar no es vencer la actitud negativa de Dios, sino apoderarse de la buena disposición de Dios.*

Cuando estaba recién convertido, se me dijo que la oración era un vínculo vital para oír la voz de Dios. Pero la oración fue también la parte más frustrante del principio de mi experiencia cristiana.

Como estudiante del seminario, leí acerca de los grandes santos que pasaban dos, tres o cuatro horas en oración durante el día, y a veces durante toda la noche. ¡Yo luchaba por orar cinco minutos! Pasaba mi lista de oración en dos o tres minutos, y miraba el reloj. Entonces trataba de imaginar lo que iba a decir en los próximos dos minutos. Se suponía que la oración era un diálogo con Dios, pero la mayor parte del tiempo parecía que le estaba hablando a la pared.

Mi mayor lucha era tratar de concentrarme. Había hecho una lista de las cosas por las cuales orar, pero mi mente batallaba ferozmente contra otros pensamientos que me distraían. Las actividades planificadas para el día demandaban mi atención, y molestos pensamientos me recordaban mis muchas debilidades. Pasé mucho tiempo crucificando la carne y reprendiendo a Satanás, en la suposición que era él quien trataba de distraerme de mi vida devocional.

Si la oración es tan importante, ¿por qué es tan difícil orar?

*Mis luchas*

En la clase de la Escuela Dominical y en los grupos pequeños formábamos las sillas en pequeños círculos para orar. Si la segunda persona en orar estaba sentada junto a la primera persona que oró, quedaba establecido un patrón. Parecía una regla no escrita que exigía que cada persona orara cuando le tocara el turno alrededor del círculo. Si la persona no oraba cuando «era su turno», y se suponía que usted seguía en el «orden establecido», usted se preguntaba qué hacer. *¿Por qué no ha comenzado a orar? ¿No sabrá que es su turno? Quizás solo esté ordenando sus pensamientos. ¿Cuánto debo esperar... o la paso por alto?*

Cuando llegaba mi turno, yo no había estado siguiendo la oración de la otra persona. Estaba preocupado con lo que yo debía decir cuando fuera mi turno. Luego, alguien se ponía a zumbar monótonamente una oración largamente sin dejarnos un solo punto para la oración de los demás. Nunca recibieron el mensaje de que las oraciones largas son para la cámara secreta y las públicas deben ser breves.

Cuando empezaba como pastor, tuve que luchar con la oración pastoral en el culto del domingo por la mañana. Llegué a estar dolorosamente consciente que en realidad no oraba a Dios, sino al público. Estaba más consciente de la presencia de la congregación que de la presencia de Dios. Me sorprendí dando los anuncios de la semana durante la oración. *Amado Señor: bendice el paseo de la iglesia del próximo sábado a las nueve de la mañana en el gran parque en la esquina de la Avenida Quinta con la Central, y ayúdanos a recordar que deben llevar las ensaladas las familias cuyos apellidos se encuentran desde la A hasta la G...* Eso no era una oración sino un anuncio de la iglesia. Otro miembro del equipo pastoral se ponía a orar monótonamente utilizando palabras de una antigua versión de la Biblia. ¿Era eso más espiritual? (Los adolescentes le tomaban el tiempo para ver si rompía su marca de 11 minutos).

Al comprender que la oración es una parte importante para cualquier matrimonio cristiano, mi esposa y yo pasamos tiempo conversando sobre las cosas por las que necesitábamos orar.

Usted podría habernos escuchado diciendo: «Oremos por esto... y necesitamos orar por aquello». Después de una larga discusión sobre lo que pensábamos que debía ser nuestra lista de oración, comenzábamos a orar. Volvíamos a orar por la misma lista cada vez, solo que esta vez dirigíamos nuestra oración a Dios. Me preguntaba dónde estaba Dios mientras hacíamos la lista.

Sé que Dios acepta nuestros débiles esfuerzos, pero a veces me pregunto qué puede estar pensando. *¡Allí están nuevamente orando en círculo! ¿Por qué esta pareja no me incluyó en su discusión inicial? ¿No saben que soy omnipresente y omnisciente?* No quiero burlarme de la oración, ¿pero dónde está la realidad espiritual de nuestra comunicación con Dios? ¿Qué estamos representando cuando oramos en público?

## Una actitud de gratitud

Mi vida de oración tuvo un cambio una noche mientras enseñaba una serie de lecciones sobre la oración a un grupo de estudiantes universitarios. Mis mensajes estaban basados en un antiguo libro sobre la oración. El último capítulo se titulaba «Cómo orar en el Espíritu». Leí la primera mitad del libro y lo encontré teológicamente sano. Así que anuncié los encabezamientos de los capítulos como los temas de mi curso de verano. Nada muy creativo, pero típico de pastores jóvenes cuya reserva de sabiduría es muy baja. Ni siquiera había leído el último capítulo hasta la noche anterior al día en que debía enseñar a los estudiantes lo que era orar en el Espíritu.

Después de leer el último capítulo, no tenía ni la más nebulosa idea de cómo orar en el Espíritu (ninguna reflexión sobre lo que el autor escribió). Estaba a solo unas horas de entregar un mensaje que no había interiorizado en mi propia vida. Me sentía espiritualmente en bancarrota. Si usted nunca ha estado en esa situación espiritual, permítame que le diga que esos momentos tienen el potencial de ser grandes momentos junto a Dios.

Ya había renunciado a preparar una charla sobre cómo orar en el Espíritu y dar paso al plan B, que consistía en mostrar una película que tenía reservada para esos momentos. ¡Entonces vino Jesús! Se acercaba la medianoche cuando el Señor comenzó a dirigir mis pensamientos. Esa noche, mi viaje a través de la Biblia se convirtió en una de las experiencias más impactantes de mi vida. Comencé a razonar: *Si voy a orar en el Espíritu, debo estar lleno del Espíritu*. Así que busqué Efesios 5:18-20 en mi Biblia:

> No os embriaguéis con vino en lo cual hay disolución; antes bien, sed llenos del Espíritu, hablando entre vosotros con salmos, con himnos y cánticos espirituales, cantando y alabando al Señor en vuestros corazones; dando siempre gracias al Dios y Padre, en el nombre de nuestro Señor Jesucristo.

Luego busqué el pasaje paralelo en Colosenses 3:15-17:

> La paz de Dios gobierne en vuestros corazones, a la que asimismo fuisteis llamados en un solo cuerpo; y sed agradecidos. La palabra de Cristo more en abundancia en vosotros, enseñándoos y exhortándoos unos a otros en toda sabiduría, cantando con gracia en vuestros corazones al Señor con salmos e himnos y cánticos espirituales. Y todo lo que hacéis, sea de palabra o de hecho, hacedlo todo en el nombre del Señor Jesús, dando gracias a Dios Padre por medio de él.

Como estudiante del Seminario, ya había observado que ser «lleno del Espíritu» y el «que la Palabra more en vosotros en abundancia» produce el mismo resultado. Pero no había observado que ambas estaban conectadas con *dando gracias*. Busqué Colosenses 4:2: «Perseverad en oración, velando en ella con acción de gracias». Luego leí Filipenses 4:6: «Por nada estéis afanosos, sino sean conocidas vuestras peticiones delante de Dios en toda oración y ruego, con acción de gracias». Este descubrimiento me tenía entusiasmado cuando di vuelta a algunas páginas y leí 1 Tesalonicenses 5:17-18. «Orad sin cesar. Dad gracias en todo, porque esta es la voluntad de Dios para vosotros en Cristo Jesús». La oración y la acción de gracias parecían inseparables. Como niño que encuentra un nuevo regalo en el árbol de navidad, y después otro, y otro más, comencé a examinar la práctica personal de Pablo en sus epístolas, y esto fue lo que encontré:

> No ceso de dar gracias por vosotros, haciendo memoria de vosotros en mis oraciones (Efesios 1:15-16).

> Doy gracias a mi Dios siempre que me acuerdo de vosotros, siempre en todas mis oraciones rogando con gozo por todos vosotros (Filipenses 1:3-4).

> Siempre orando por vosotros, damos gracias a Dios, Padre de nuestro Señor Jesucristo (Colosenses 1:3).

> Damos siempre gracias a Dios por todos vosotros, haciendo memoria de vosotros en nuestras oraciones (1 Tesalonicenses 1:2).

> Exhorto ante todo, a que se hagan rogativas, oraciones, peticiones y acciones de gracias por todos los hombres (1 Timoteo 2:1).

> Doy gracias a Dios, al cual sirvo desde mis mayores con limpia conciencia, de que sin cesar me acuerdo de ti en mis oraciones noche y día (2 Timoteo 1:3).

> Doy gracias a mi Dios, haciendo siempre memoria de ti en mis oraciones (Filemón 4).

Comencé a preguntarme si había una conexión entre la oración y la acción de gracias en el Antiguo Testamento. El Señor me hizo recordar el Salmo 95:

Vengan, cantemos con júbilo al SEÑOR; aclamemos a la roca de nuestra salvación. Lleguemos ante él con acción de gracias, aclamémoslo con cánticos. Porque el SEÑOR es el gran Dios, el gran Rey sobre todos los dioses. En sus manos están los abismos de la tierra; suyas son las cumbres de los montes. Suyo es el mar, porque él lo hizo; con sus manos formó la tierra firme.

Vengan, postrémonos reverentes, doblemos la rodilla ante el SEÑOR nuestro Hacedor. Porque él es nuestro Dios y nosotros somos el pueblo de su prado; ¡somos un rebaño bajo su cuidado! Si ustedes oyen hoy su voz... (vv. 1-7; NVI).

### Oír la voz de Dios

Debemos entrar en su presencia con acción de gracias porque Él es un gran Dios y ha hecho grandes cosas por nosotros. Todos merecíamos la condenación eterna, pero Dios nos ha dado vida eterna. Esa noche mientras leía las Escrituras, me llamaron la atención las últimas palabras del versículo 7: «Si oyereis hoy su voz». Recuerdo que pensé: *¡Hoy me gustaría mucho oír tu voz!* Quizás no escuchaba su voz porque no entraba en su presencia con acción de gracias. Entonces, quizás no estaba oyendo su voz, porque en realidad no estaba escuchando.

Muchas personas en el Antiguo Testamento descubrieron por la vía difícil que la queja no trae consigo las bendiciones de Dios. En el Salmo 95:7 la palabra *oír* traduce la palabra hebrea *shema*, que significa «oír en el sentido de obedecer». Luego el versículo 8 dice: «No endurezcáis vuestros corazones». Busqué Hebreos 4:7 en donde cita el Salmo 95 y leí nuevamente: «Si oyereis hoy su voz, no endurezcáis vuestros corazones». Hebreos capítulo 4 da instrucciones sobre el «día de reposo» que queda. Es una exhortación a dejar de confiar en nuestras propias obras y comenzar a confiar en las obras de Dios.

El descanso en la obra consumada de Cristo no tipificaba mi vida de oración. «En el nombre de Jesús» era sólo una frase que agregaba al final de mi oración originada en mí mismo. Confesé a Dios que mis momentos de oración eran mayormente una obra de la carne, y que no siempre me presentaba delante de él con una actitud de acción de gracias y alabanza.

## Cuando Dios dirige la oración

El Señor tenía mucho más para mí esa noche. Busqué Romanos 8:26-27:

> Y de igual manera, el Espíritu nos ayuda en nuestra debilidad; pues qué hemos de pedir como conviene, no lo sabemos, pero el Espíritu mismo intercede por nosotros con gemidos indecibles. Mas el que escudriña los corazones sabe cuál es la intención del Espíritu, porque conforme a la voluntad de Dios intercede por los santos.

Humanamente hablando, no sabemos bien cómo orar ni por qué orar, pero el Espíritu sí, y nos ayuda en nuestra debilidad. «Ayudar» (*sunantilambano*) es en griego una palabra fascinante. Tiene dos prefijos antes de la palabra que se traduce *tomar, llevar*. En otras palabras, el sentido de la palabra ayudar en Romanos 8:26 es que el Espíritu viene con nosotros. Nos levanta y nos conduce al otro lado. El Espíritu Santo nos conecta con Dios. Intercede por nosotros y a nuestro favor. La oración que el Espíritu Santo nos impulsa a hacer es la oración que Dios el Padre siempre responderá.

## Escuchar en forma activa

¿Cómo nos ayuda el Espíritu en nuestra debilidad? No estaba seguro, pero intenté algo esa noche. Oré: «Bueno, Señor, dejo de lado mi lista, y voy a asumir que todo lo que me venga a la mente durante estos momentos de oración viene de ti, o tú lo permites. Voy a dejar que tú guíes mi tiempo de oración». Todo lo que me vino a la mente esa noche fue lo que oré. Si era un pensamiento tentador, le hablé al Señor de ese aspecto de mi debilidad. Si los negocios del día clamaban por mi atención, discutí mis planes con Dios. Traté activamente con cada cosa que me vino a la mente.

No estaba pasivamente dejando que mis pensamientos me controlaran. Tomé el escudo de la fe, contra los dardos de fuego de Satanás, y estaba activamente llevando todo pensamiento cautivo a la obediencia a Cristo (2 Corintios 10:5). Si usted no asume la responsabilidad por sus pensamientos, puede terminar prestando atención a espíritus engañosos, como Pablo nos advierte: «El Espíritu dice claramente que en los postreros tiempos algunos apostatarán de la fe, escuchando a espíritus engañadores y a doctrinas de demonios» (1 Timoteo 4:1). Pablo escribió además: «Pero temo que como la serpiente con su astucia engañó a Eva, vuestros sentidos sean en alguna manera extraviados de la sincera fidelidad a Cristo» (2 Corintios 11:3).

Si mis pensamientos no eran verdaderos o si eran malos (blasfemos, engañosos, acusadores o tentadores), no los creía. Llevaba esos pensamientos al Señor y los denunciaba a la luz de su Palabra. En un sentido, da lo mismo que nuestros pensamientos vengan de una fuente externa, de nuestra mente, o de un espíritu engañador, somos responsables de tomar todo pensamiento cautivo a la obediencia de Cristo. Eso significa que si mis pensamientos venían de Satanás, Dios lo permitió. En mi experiencia, esto normalmente identifica una zona de debilidad o pecado en la que no hemos sido sinceros con Dios anteriormente. En realidad, Dios puede permitir que seamos abofeteados por Satanás hasta que llevemos nuestras luchas delante de Él, el único que puede resolverlos.

## Seamos sinceros con Dios

En el pasado, he tratado de desechar los malos pensamientos, pero sin éxito. Pero cuando comencé a sacarlos a la luz, quedé sorprendido del sentimiento de liberación que sentía. Todos los temas que había tratado de ignorar durante la oración, eran problemas que Dios quería que tratara. Quería que adquiriera conciencia de asuntos que afectaban nuestra relación. Ahora, cuando tengo pensamientos tentadores o acusadores, se los doy a conocer sinceramente a Dios, y no trato de ocultar mi fragilidad humana.

Si trata de orar de esta manera, pronto descubrirá cuán personal es realmente Dios. «Si oyereis hoy su voz», va seguido por la advertencia, «no endurezcáis vuestro corazón». Cuando un pensamiento difícil de enfrentar entra en su mente, usted sentirá la tentación de cambiar de tema y volver a su antigua lista de oración. Pero, ¿por qué piensa que Dios permite que usted luche con tales pensamientos? Pueden haber muchos problemas personales que nos hagan sentir incómodos cuando los llevamos a Dios, pero eso es parte del engaño que sufrimos. Después de todo, Dios ya conoce nuestros pensamientos (véase Hebreos 4:12-13), así que, ¿por qué no ser sinceros con Él? Si priorizara nuestra lista de oración, Dios comenzaría con los problemas personales que afectan nuestra relación con Él.

Durante muchos años, después de explicar lo anterior en clases de seminario, pedí a cientos de mis estudiantes que dieran una caminata con Dios por las áreas aledañas al centro por el resto del período de clases. Eso les daría unos 45 minutos, que era mucho más tiempo que el que la mayoría de ellos dedicaban a sus oraciones privadas. Les animé a comenzar dando gracias a Dios por todo lo que había hecho por ellos. Les sugerí que tomaran sus Biblias y que simplemente leyeran aunque no les viniera a la mente nada específico. Les exhorté a tratar con toda sinceridad cualquier problema que les viniera a la mente. Si nada venía a la mente, les instruí a que reflexionaran en la bondad de Dios y le dieran gracias por lo que Él había hecho por ellos.

Muchos estudiantes regresaron con grandes historias. Algunos dijeron que en 45 minutos habían logrado mucho más que antes en la oración. Otros enfrentaron problemas personales que nunca antes habían conversado con Dios. Un estudiante asiático dijo que por primera vez sabía que Dios lo estaba llamando a un ministerio en China. Casi todos hallaron que había sido un encuentro refrescante con su amante Padre celestial.

En cuanto a mí, cuando comencé con esta práctica descubrí una nueva libertad con solo sentarme en la presencia de Dios. No me sentía como si tuviera que decir algo para mantener una conversación unilateral. Era realmente refrescante y podía sencillamente estar una hora sentado en silencio. También descubrí que mi oración no se terminaba cuando me ponía de pie para hacer otra cosa. Estaba aprendiendo a orar sin cesar y a practicar la presencia de Dios. Desde que subía a mi bicicleta para ir a la iglesia, comenzaba a orar por las personas que vivían en las casas a lo largo del camino. El Dios omnipresente estaba siempre conmigo, y yo me estaba haciendo cada vez más consciente de ello.

### Dios desea una relación íntima con nosotros

La comunión con Dios no es un concepto teológico abstracto; es una relación viva. Juan dice: «Si andamos en luz, como Él está en luz, tenemos comunión unos con otros, y la sangre de Jesucristo, su Hijo, nos limpia de todo pecado» (1 Juan. 1:7). Andar en la luz no es perfección moral, porque el versículo siguiente dice: «Si decimos que no tenemos pecado nos engañamos a nosotros mismos» (v. 8). Más bien, andar en la luz es andar en un acuerdo moral consciente con Dios.

Los cristianos maduros viven una vida de confesión. *Confesar a Dios* significa literalmente *estar de acuerdo con Dios*. No confesamos nuestros pecados para ser perdonados. Somos perdonados porque Cristo murió por nuestros pecados en la cruz, y en consecuencia, confesamos nuestros pecados para tener una estrecha relación con Dios. En efecto, lo que permite que abramos delante de él nuestra presente condición moral es el hecho de que ya somos hijos perdonados. En la confesión no está en juego nuestro destino eterno, sino nuestra victoria cotidiana. No tenemos que pretender delante de Dios con la falsa esperanza de que nos acepte por nuestra hipocresía. Como hijos suyos, ya nos aceptó, de modo que estamos en libertad de ser sinceros con Él.

¿Por qué es difícil que seamos sinceros con Dios? Él demostró su amor por nosotros cuando envió a Jesús a morir en nuestro lugar (Romanos 5:8). Su amor y perdón son incondicionales. Sin embargo, Dios es nuestro Padre, y como cualquier padre bueno, no aprecia a los hijos murmuradores que se quejan, especialmente porque Él sacrificó a su Hijo unigénito por cada uno de ellos. No se interesará en nuestras listas de oraciones si no confiamos en Él y le obedecemos. No nos va a ayudar a desarrollar nuestros propios reinos cuando hemos sido llamados a establecer el suyo. Los que procuran edificar su Reino y los que vienen a su presencia hallarán gracia y misericordia en el tiempo de necesidad:

> Porque no tenemos un sumo sacerdote que no se pueda compadecer de nuestras debilidades, sino uno que fue tentado en todo, pero sin pecado. Acerquémonos, pues, confiadamente al trono de la gracia, para alcanzar misericordia y hallar gracia para el oportuno socorro (Hebreos 4:15-16).

> Acerquémonos con corazón sincero, en plena certidumbre de fe, purificados los corazones de mala conciencia, y lavados los cuerpos con agua pura (Hebreos 10:22).

## PREGUNTAS PARA MEDITAR Y DEBATIR

1. Haga una lista de las razones por las que encuentra difícil orar en su vida personal, con su esposa y en pequeños grupos, o durante su ministerio.

2. En la vida de Pablo, ¿qué actitud siempre acompañaba sus oraciones?

3. ¿Por qué una actitud de gratitud abre nuestros corazones para oír la voz de Dios?

4. ¿Qué tipo de oración responderá siempre el Padre? ¿Por qué esto es alentador?

5. ¿Por qué debe usted llevar todo pensamiento cautivo a la obediencia de Jesús durante sus períodos de oración?

6. ¿Cuál es el peligro potencial de creerle pasivamente a sus pensamientos? (Véase 1 Timoteo 4:1; 2 Corintios 11:3)

7. ¿Qué ocurre en nuestra vida de oración cuando no somos sinceros con Dios?

8. ¿Por qué podemos ser completamente sinceros con nuestro Padre celestial sin sentirnos condenados por Él?

CAPÍTULO DOS

# Libertad por medio de la oración

*La oración no es una conversación con Dios para
convencerlo de que mueva las cosas a nuestra manera,
sino un ejercicio por el cual su Espíritu nos capacita
para hacer las cosas a su manera.*
LEONARD RAVENHILL

CUANDO AÚN ENSEÑABA EN LA Escuela de Teología Talbot, un pastor me preguntó si yo podría aconsejar a un miembro de su iglesia que oía voces y sufría las consecuencias de muchos conflictos no resueltos. Le dije al pastor que no, a menos que él acompañara al joven, porque yo no podría asumir la responsabilidad de continuar con el proceso de consejería.

La sesión de tres horas no pudo ser mejor. El joven salió sin oír voces ni pensamientos que lo distrajeran, y la paz de Dios guardaba ya su mente y corazón. El pastor quedó contento con el resultado, pero quedó completamente sorprendido por el proceso.

¿Por qué? Este joven fue liberado por *sus* oraciones y su respuesta a Dios, no por las *mías*. El pastor dijo: «En qué trampa he caído. La gente viene a mí cada domingo y me pide que ore por ellos. Por supuesto, lo hago como lo haría todo buen pastor, pero he descuidado la responsabilidad que cada persona tiene de orar».

Si una persona afligida le pide a otra que ore y eso es todo lo que ocurre, ¿cuántas respuestas a la oración resultan de eso? Seré sincero con ustedes: no he visto muchas. Creo que hay una muy buena razón para esto... y tiene poco que ver con mi llamamiento, nivel de madurez o don.

## Nuestra responsabilidad de orar

Hay solo un pasaje bíblico que definitivamente nos dice que hacer si estamos enfermos o en sufrimientos: Santiago 5:13-18. Observe cómo empieza este pasaje: «¿Está alguno entre vosotros afligido? Haga oración». Por lo menos inicialmente en el proceso de ayudar, se supone que el sufriente debe estar orando. Eso tiene que ocurrir porque yo no puedo hacer la oración que a usted corresponde, ni nadie más puede hacerlo. No me interpreten mal. Yo creo en la oración intercesora, pero no como un sustituto de la responsabilidad personal de orar.

Cuando comencé a ayudar a la gente a resolver sus conflictos personales y espirituales, y a recibir su libertad en Cristo, con mucha frecuencia me quedaba atascado en el proceso. No podía saber la causa de sus problemas, pero sabía lo que Dios hacía y que en último análisis Él era la respuesta. Desde hace muchos años les digo a los que vienen a mí por consejería que no sé cómo ayudarlos, pero Dios sí, y si están dispuestos, buscaremos juntos la respuesta de Dios. Sin embargo, mi práctica era orar y pedir a Dios sabiduría para la otra persona, porque Santiago escribe: «Si alguno de vosotros tiene falta de sabiduría, pídala a Dios, que da a todos generosamente y sin reproche, y le será dada» (1:5).

Recuerdo que estuve sentado en silencio al lado de una persona durante quince minutos, esperando la dirección divina. Un día se aclaró mi mente: *¿Por qué debo pedir a Dios sabiduría y dirección para otra persona y luego esperar que Él me diga cuál es la respuesta? ¿Por qué no les pido a ellos que pidan sabiduría y dirección a Dios?* El pasaje de Santiago no dice que le pidamos sabiduría a Dios para otra persona. La instrucción es que todos los creyentes deben orar a Dios pos sí mismos. Las personas a quienes trataba de ayudar eran hijos de Dios, y todos ellos tenían el mismo acceso que yo a su Padre celestial.

Pablo declara: «Hay un solo Dios, y un solo mediador entre Dios y los hombres, Jesucristo hombre» (1 Timoteo 2:5). Los cristianos jamás reciben alguna instrucción para actuar como médium, como indican los propagandistas de la Nueva Era. No sé de ningún fragmento en el Nuevo Testamento que instruya a un creyente que pida a Dios en favor de otros creyentes que están en su presencia. (Hay muchos pasajes que enseñan la oración *intercesora*, por supuesto, y los consideraremos en el próximo capítulo.)

Los hijos de Dios son invitados a buscar a Dios personalmente. Para ilustrar, supongamos que usted tiene dos hijos; el menor continuamente le pide a su hermano mayor que le haga las peticiones en lugar suyo: «¿Podrías preguntarle a papá si puedo ir al cine?» «Pregúntale a papá si me puede dar dinero». Si usted es un buen padre, ¿qué le diría a su hijo mayor? ¿No le diría algo así como: «Dile a tu hermano que me venga a ver personalmente»? No existen las relaciones significativas de segunda mano, y no hay tal cosa en la familia de Dios. Todo creyente nacido de nuevo tiene una relación personal con su Padre celestial.

### Confianza para entrar en la presencia de Dios

¿Por qué algunas personas en la iglesia creen que otros tienen un mejor acceso que ellos a Dios? Quizá sea un remanente del catolicismo de la prerreforma. La gente era realmente estimulada a pagar a alguien con una posición eclesiástica o madurez más elevada para que orara por ellos. Una indicación adicional de esta actitud fue la venta de *indulgencias*, por medio de las cuales se suponía que los méritos sobreabundantes de los «santos» compensarían el mérito inadecuado de un individuo humilde. Martín Lutero se opuso a la venta de indulgencias y enseñó el sacerdocio de todos los creyentes.

Por definición, los hijos de Dios son *santos*. Sin embargo, el clero católico y algunos en el clero protestante piensan o dejan que la gente crea que tienen un mejor acceso al Padre y que sus oraciones son más eficaces debido a su posición en la iglesia, su estado social o por sus dones. Pero según Pablo, *todos* «tenemos seguridad y acceso con confianza por medio de la fe en él» (Efesios 3:12). El autor de Hebreos amonesta a *todos* los creyentes a acercarse:

> Así que, hermanos, teniendo libertad para entrar en el Lugar Santísimo por la sangre de Jesucristo, por el camino nuevo y vivo que él nos abrió a través del velo, esto es, de su carne, y teniendo un gran sacerdote sobre la casa de Dios, acerquémonos con corazón sincero, en plena certidumbre de fe, purificados los corazones de mala conciencia, y lavados los cuerpos con agua pura (10:19-22).

## Conéctese con Dios por medio del arrepentimiento

Para algunas personas el problema no es eclesiástico sino moral. Debido a su estilo de vida y a sus acciones, no piensan que Dios oirá sus oraciones ni las responderá. Entonces, le piden a alguien que ore por ellos, pensando que Dios responderá la oración de la otra persona. En realidad tienen razón en parte. El salmista escribió: «Si en mi corazón hubiese yo mirado la iniquidad, el Señor no me habría escuchado» (Salmo 66:18). Mientras las personas se aferren a sus pecados y a su amargura, no podrán tener una vida efectiva de oración. Pero el empeño de dar un rodeo por el pecado pidiéndole a otro que ore por ellos, no les resultará. La única oración eficaz para esta persona es la oración de su corazón arrepentido. La sola comprensión de este sencillo concepto sobre la oración revolucionó mi ministerio como pastor. Escuchaba las historias de las personas, trataba de explicarles por qué no estaban haciendo bien (si yo pensaba que lo sabía), y los animaba a confesarse y a arrepentirse ante Dios si estaban pecando. A veces la gente solo pedía consejo bíblico, y yo trataba de dárselo. No veía mucho fruto, sin embargo, porque generalmente estaba tratando los síntomas y no alcanzaba a las raíces de las causas.

En aquellos días no entendía la batalla que se desarrollaba en sus mentes. Sabía un poquito para ayudar a que los que estaba aconsejando para que se sometieran a Dios, pero no lo suficiente para ayudarles a un pleno arrepentimiento y a resistir al diablo (Santiago 4:7). Tenía poco conocimiento de ellos, pero Dios los conocía perfectamente. Yo hacía mi mejor empeño en ayudarles, pero Dios era su fuente de vida, su Redentor, Salvador, Señor y Amigo. De alguna manera tenía que relacionarlos con Dios, o ellos nunca llegarían a comprender su libertad y pleno potencial en Cristo.

La gente no sabe salir de la esclavitud, o lo hubieran hecho hace tiempo. No saben cómo ni sobre qué orar cuando se trata de su andar con Dios. Mis oraciones ciertamente no les estaban dando la libertad, así que pregunté como podría ayudarles a orar de tal modo que Dios les contestara. Todavía recuerdo una tarde de primavera en 1984 cuando escribí siete oraciones específicas para personas que buscaban la solución de sus conflictos personales y espirituales. Dichas oraciones han sufrido modificaciones a través de los años, pero todavía sirven como base para los «Pasos hacia la libertad en Cristo», que se usan en todo el mundo en diversos idiomas.[1] Al repasar los pasos lo que la persona hace es pedirle a Dios que revele a su mente qué es lo que le impide tener una relación más íntima con Él. En otras palabras, piden a Dios que les conceda el arrepentimiento que pueda conducirlos al conocimiento de la verdad de modo que logren escapar del lazo del diablo (véase 2 Timoteo 2:24-26).

## Siete motivos de confesión y arrepentimiento

Las Escrituras revelan siete categorías de pecado y de iniquidades que hay que confesar y de las que hay que arrepentirse si el cristiano espera tener una relación íntima con Dios. Por medio de determinados «pasos» los creyentes piden a Dios que les muestre de qué tienen que arrepentirse en cada uno de estos motivos.

Primero, *debemos confesar y renunciar a involucrarnos con falsos profetas y maestros, y con sectas o el ocultismo.* «El que encubre los pecados no prosperará; mas el que los confiesa y se aparta alcanzará misericordia» (Proverbios 28:13). Dios no toma livianamente a los falsos maestros y la falsa orientación. En el Antiguo Testamento, los falsos maestros debían morir (véase Deuteronomio 13:5), y había graves consecuencias para los que los consultaban: «Y la persona que atendiere a encantadores o adivinos, para prostituirse tras ellos, yo pondré mi rostro contra tal persona, y la cortaré de entre su pueblo» (Levítico 20:6). Obviamente no vamos a tener una oración eficaz si Dios nos corta de sí y de su pueblo.

Segundo, *se nos advierte sobre el engaño*. Las personas engañadas viven esclavizadas a las mentiras que creen y el creer tales mentiras afecta gravemente su andar con Dios. Si los cristianos prestan atención a espíritus engañosos, no prestan atención a Dios. Si creen que necesitan defenderse, no confían en que Cristo puede defenderles. Por cierto, ningún cristiano puede renovar instantáneamente su mente, derribar las fortalezas mentales y vencer antiguos mecanismos de defensa. Pero el proceso de renovar nuestra mente ni siquiera comenzará si no estamos conscientes de nuestras falsas creencias y defensas, y Dios está deseoso de revelárnoslas si se lo pedimos.

Tercero, *necesitamos perdonar de corazón así como Cristo nos ha perdonado a nosotros*. No podemos tener una relación íntima con Dios y guardar amargura en nuestros corazones. Jesús dijo que nuestro Padre nos iba a entregar a los torturadores si no perdonamos (Mateo 18:34-35). Es difícil oír a Dios si nuestras mentes están atormentadas por pensamientos acerca de otras personas que nos han perjudicado. En consecuencia, cuando tratamos de orar a Dios y nuestra mente está plagada de pensamientos sobre las injusticias que nos han hecho otras personas, podemos saber que Dios permite la tortura mental para llevarnos a perdonar a otros y para buscar el perdón. Por cierto, algunos de estos tipos de pensamientos con que luchamos vienen de Satanás. Pablo nos exhorta a perdonar, porque no ignoramos las maquinaciones de Satanás (2 Corintios 2:11).*

---

\* La palabra griega traducida aquí como «maquinaciones» es *noema*. En 2 Corintios también se traduce como «pensamiento» (10:5), «entendimiento» (4:4) o «sentido» (11:3).

Cuando exhorto a una persona a orar y pedir a Dios que le revele a quién necesita perdonar, Dios lo hace. A veces la persona ora y luego dice que no tiene a quién perdonar. Cuando eso ocurre, solo le pido que me de a conocer los nombres que le vienen a la mente, y de allí saldrán varios nombres de personas que ellos necesitan perdonar. Algunos pueden estar endureciendo sus corazones porque les interesa vengarse más que perdonar. Otros tienen temor de enfrentar su dolor, así que viven negando o tratando de eliminarlo del inconsciente... pero Dios trata de sacar a la superficie los dolores para que los eliminen por medio del perdón.

Cuarto, *tenemos que negociar con nuestro orgullo*. No puede usted tener una relación estrecha con Dios si Él se opone, pero si pide humildemente, Dios le dará a conocer cuán orgulloso usted ha sido. Fíjese cómo Santiago relaciona el orgullo con el mundo, la carne y el diablo:

> Pedís, y no recibís, porque pedís mal, para gastar en vuestros deleites. ¡Oh almas adúlteras! ¿No sabéis que la amistad del mundo es enemistad contra Dios? Cualquiera pues, que quiera ser amigo del mundo, se constituye enemigo de Dios. ¿O pensáis que la Escritura dice en vano: El Espíritu que él ha hecho morar en nosotros nos anhela celosamente? Pero él da mayor gracia. Por esto dice: Dios resiste a los soberbios y da gracia a los humildes (4:3-6).

No podemos orar en el Espíritu y ser soberbios.

Quinto, *no podemos orar en el Espíritu y ser rebeldes*. La rebelión es como pecado de brujería y la insubordinación es como la iniquidad y la idolatría (véase 1 Samuel 15:23). Dios exige que todos sus hijos se sometan a las autoridades gubernamentales (Romanos 13:1-7), a los padres (Efesios 6:1-3), a su cónyuge (1 Pedro 3:1-7; Efesios 5:21-25), a los empleadores (1 Pedro 2:18-23), a los líderes de la iglesia (Hebreos 13:17), y a Dios mismo (Daniel 9:5,9).

¿Qué ocurre en los tribunales de justicia cuando un prisionero rebelde se acerca despectivamente a su banca? Se le expulsa de la corte por su soberbia. El juez ni siquiera escuchará al acusado, y tampoco lo hará nuestro Padre celestial con nuestras oraciones si nos acercamos a Él despectivamente y desobedecemos sus mandamientos de someternos a las autoridades establecidas. Si se lo pedimos, Él nos revelará nuestras rebeliones.

Sexto, *no podemos esperar que Dios escuche nuestras oraciones si estamos en pecado.* Tenga la seguridad de que Él conoce nuestros pecados y que traerá convicción de culpa de tal modo que no engañaremos a nadie cuando tratemos de ocultarlos. Si nunca los hemos reconocido, estos problemas plagarán nuestra mente cuando tratemos de orar. Es lo que David trató de hacer, y sufrió por ello. Finalmente se volvió a Dios, y luego escribió su experiencia en el Salmo 32:1-6:

> Bienaventurado aquel cuya trasgresión ha sido perdonada, y cubierto su pecado. Bienaventurado el hombre a quien Jehová no culpa de iniquidad, y en cuyo espíritu no hay engaño.
>
> Mientras callé se envejecieron mis huesos en mi gemir todo el día. Porque de día y de noche se agravó sobre mí tu mano; se volvió mi verdor en sequedades de verano. Mi pecado te declaré, y no encubrí mi iniquidad. Dije: Confesaré mis transgresiones a Jehová, y tú perdonaste la maldad de mi pecado. Por esto orará a ti todo santo en el tiempo en que puedas ser hallado. Ciertamente en la inundación de muchas aguas no llegarán éstas a él.

Por último, *no podemos orar eficazmente si continuamos en los pecados de nuestros antepasados.* Pedro nos exhorta:

> Y si invocáis por Padre a aquel que sin acepción de personas juzga según la obra de cada uno, conducíos en temor todo el tiempo de vuestra peregrinación; sabiendo que fuisteis rescatados de vuestra vana manera de vivir, la cual recibisteis de vuestros padres, no con cosas corruptibles, como oro o

plata, sino con la sangre preciosa de Cristo, como de un cordero sin mancha y sin contaminación (1 Pedro 1:17-19).

A veces podemos sentirnos divididos entre nuestra herencia natural y nuestra herencia espiritual. Jesús es la espada que divide la familia si nuestros padres y hermanos no están de acuerdo con nuestro Padre celestial. Nuestro Salvador dijo: «El que ama a padre y madre más que a mí, no es digno de mí; el que ama a hijo o hija más que a mí, no es digno de mí; y el que no toma su cruz y sigue en pos de mí, no es digno de mí» (Mateo 10:37-38). En el plan de nuestro Padre celestial no existe ningún intento de mantener unido un matrimonio o una familia a expensas de nuestra relación con Él. Comprometer nuestra fe para salvar el matrimonio no es eficaz. El matrimonio no será bueno, y tampoco lo será nuestro andar con Dios.

Bajo el antiguo pacto, los israelitas confesaban sus pecados y el pecado de sus padres. Esto era necesario porque la gente tiene la tendencia de vivir según la enseñanza recibida. Como Jesús resalta: «El discípulo no es superior a su maestro; mas todo el que fuere perfeccionado, será como su maestro.» (Lucas 6:40). Nadie tuvo más influencia sobre nosotros en los primeros cinco años que nuestros padres, y a menos que nos arrepintamos, daremos curso a las creencias y valores que nos enseñaron... o nos veremos atrapados por el ambiente de nuestros hogares. De ningún modo somos culpables de los pecados de nuestros padres, pero, dado que todos los padres han pecado, hemos recogido algunas de sus actitudes y acciones que no son coherentes con nuestro cristianismo.

## La oración eficaz

Cuando se exhorta a los cristianos a orar personalmente pidiendo la dirección de Dios, los resultados son dramáticos. El Señor provoca una tristeza piadosa, y el Espíritu Santo los guía a toda verdad encaminándolos a una genuina liberación. Si no endurecen sus corazones, responden con arrepentimiento, lo que produce enormes resultados en sus vidas.[2]

Santiago ofrece una idea adicional acerca de la efectividad de la oración: «Confesaos vuestras faltas unos a otros, y orad los unos por los otros para que seáis sanados. La oración eficaz del justo puede mucho» (Santiago 5:16). Obsérvese el orden de las Escrituras. La oración del justo es eficaz *después* que haya confesado sus faltas.

Supongamos que usted es presbítero o pastor en una iglesia, y un miembro de la congregación que está enfermo pide que los diáconos vayan y oren. Usted diligentemente responde a la petición y varios diáconos se le unen en oración, pidiendo a Dios que intervenga y sane a la persona. Pero después usted descubre que la persona es promiscua en el sexo y está profundamente amargada por el fracaso en algunas relaciones. ¿Espera que Dios responda esas oraciones? Realmente es muy posible que la enfermedad sea el resultado del pecado de la persona. La mayoría de las personas están enfermas por razones psicosomáticas y a ello posiblemente se refiera Santiago primariamente en los pasajes de esta epístola. De hecho, la enfermedad psicosomática está a menudo relacionada con el pecado (como la enfermedad de David, mencionada antes).

Ahora, supongamos que usted tiene un hijo que es muy rebelde. En su relación con él hay muchas tensiones. Un día le dice que corte el pasto con la máquina, pero no lo hace. Más tarde viene y le pide veinte pesos y las llaves del auto, porque tiene una cita. ¿Le daría el dinero y las llaves? ¿Lo haría Dios? Creo que no. Probablemente le diría: «Hijo, hay muchos problemas sin resolver entre nosotros. Si estás dispuesto a resolverlos y cortar el pasto como te dije, entonces hablaremos de tu cita esta tarde». Creo que Dios permite que sus hijos sufran las consecuencias naturales de sus pecados aun cuando esos pecados hayan sido perdonados. Creo, además, que Él siempre está dispuesto a recibir de ellos sus oraciones si están dispuestos a arrepentirse.

## Respuestas admirables

Si la persona está dispuesta a normalizar su relación con Dios, sus oraciones lograrán mucho. He visto respuestas increíbles a la oración después que la persona ha seguido los Pasos o se ha arrepentido de otra manera. Una mujer nos hizo saber que tenía doscientos tipos de alergia certificadas por doctores, y que sus hijos tenían más de cien. Había lugares donde no podían ir, alimentos que no podían comer, y ropas que no podían usar. Todo eso desapareció cuando oraron siguiendo los siete pasos y hallaron su libertad en Cristo. Esta mujer ahora muestra a muchos otros la forma de orar con eficacia.

Una estudiante se detuvo en mi oficina para hacerme algunas preguntas acerca de su proyecto de investigación acerca del satanismo. Respondí algunas de sus preguntas, y luego le dije:

—Creo que no debieras hacer una investigación sobre ese tema.

—¿Por qué? —preguntó

—Porque no has tenido la experiencia de la liberación en Cristo —respondí.

Sorprendida por mi franqueza, preguntó que quería decir eso.

—Estoy seguro que tu vida devocional y tu vida de oración no existen prácticamente —comencé por decirle—. Probablemente tienes dificultades para atender en las clases de Biblia, y sospecho que tienes un concepto muy bajo de tu valor. Posiblemente albergas pensamientos suicidas.

Esta estudiante pensó que le había leído la mente, lo que por supuesto yo no había hecho. Pero he tenido suficiente experiencia en el trabajo con personas de tal manera que puedo discernir su nivel de madurez y en qué grado experimentan su libertad en Cristo. La estimulé para que tomara mi clase sobre la solución de conflictos personales y espirituales el próximo verano. Después de la clase me escribió una carta:

> Lo que descubrí esta semana es un sentimiento de control, como que mi mente es mía. No he tenido esos períodos de divagación y contemplación. Sencillamente tengo la mente en calma.
>
> Es realmente un sentimiento extraño. Tengo una perspectiva completamente nueva. Mis emociones se han mantenido

estables. No he tenido una sola depresión esta semana. Mi voluntad es mía. Siento que he podido decidir que mi vida permanezca en Cristo.

Las Escrituras me parecen diferentes. Tengo una perspectiva completamente nueva. Realmente entiendo lo que dice. Siento que me han dejado sola, pero no en un sentido malo. No soy solitaria; solo una soltera. Por primera vez creo que realmente entiendo lo que es ser cristiana, quién es Cristo y quién soy yo en Él. Me siento capaz de ayudar a las personas y capaz de administrar mi vida.

A través de los años he dependido de otros, pero esta semana no tengo una pizca de ese sentimiento ni necesidad de nadie. Pienso que lo que estoy describiendo es como estar en paz. Siento una callada y grata alegría en mi corazón. He sido más amistosa y me he sentido más cómoda con los desconocidos. No ha sido una lucha pasar el día. Además, he participado activamente en la vida y no sólo en forma pasiva, mirándola en forma más crítica. Gracias por entregarme su esperanza. Creo que ahora tengo lo mío en Cristo.

Debido a su paz mental, esta joven ahora puede oír a Dios en su vida cotidiana. Tomar posesión de nuestra identidad en Cristo por medio de un arrepentimiento genuino es lo que permite a las personas relacionarse personalmente con Dios en oración. Nuestro ministerio tiene el privilegio de ayudar a personas en todo el mundo a encontrar su identidad y libertad en Cristo. Cuando lo hacen, comienzan a vivir su vida devocional y de oración. «Si oyereis hoy su voz, no endurezcáis vuestro corazón». Enfrente los problemas, y lleve todo pensamiento cautivo a la obediencia de Cristo.

## PREGUNTAS PARA MEDITAR Y DEBATIR

1. ¿Podemos pedirle a otros que oren en nuestro lugar? ¿Por qué o por qué no?

2. ¿Por qué cree usted que la mayoría de las personas piden a otros que oren por ellos?

3. ¿Por qué la búsqueda de una orientación falsa estorba nuestras oraciones?

4. ¿Por qué el engaño, la amargura, la soberbia, la rebelión y el pecado estorban nuestras oraciones?

5. ¿Cómo las iniquidades transmitidas de una a otra generación pueden estorbar nuestras oraciones?

6. ¿Cómo el Espíritu Santo nos guía a toda verdad, y por qué eso nos hace libres?

7. ¿Qué tipo de resultados podemos esperar si Dios nos revela nuestros pecados y nos arrepentimos?

8. ¿Podemos esperar que Dios responda las oraciones de líderes espirituales por nosotros si vivimos en pecado?

9. ¿Por qué no vemos más respuestas a las oraciones en nuestras iglesias?

## CAPÍTULO TRES

# Progreso en la oración

*Para estar con Dios no es necesario estar continuamente en la iglesia. Nuestro corazón podemos convertirlo en un oratorio, al cual nos retiramos de tiempo en tiempo para conversar con Él en mansedumbre, humildad y amor. No hay en el mundo una vida más dulce y deleitosa que la de una continua conversación con Dios.*
HERMANO LAWRENCE

EN MIS TREINTA AÑOS DE MINISTERIO, he visto tres niveles de oración. Antes de darles un vistazo, quiero decirles que la alabanza y las acciones de gracias deben ser parte de cada nivel de oración. Presentarse ante Dios con acciones de gracias, como ya mencionamos, no es diferente de presentarnos ante nuestros padres terrenales con una actitud de gratitud. Es triste para los padres que sus niños siempre estén exigiendo, siempre con quejas, y no se muestren nunca satisfechos. ¿Cómo se sentiría usted si ha dado cuanto ha podido como padre y sus hijos aún quieren más? Por otra parte, ¿cómo se sentiría con sus hijos si le dicen respetuosamente: «Gracias por ser como eres, te amo, y sé que estás haciendo todo lo que puedes por mí»?

Alabar a Dios es adscribirle sus atributos divinos. Debemos estar siempre conscientes cuando oramos que Dios es nuestro

Padre celestial siempre presente, omnipotente, omnisciente y lleno de amor. Por supuesto, Dios no necesita que nosotros le digamos quién es. Él sabe quién es. Somos nosotros los que debemos recordar permanentemente sus atributos divinos. El conocimiento de la presencia de Dios debiera ser el más prominente de nuestros pensamientos. Debemos adorar a Dios reconociendo sus atributos y orando que nos conceda tener conciencia de su presencia.

## Petición: El primer nivel de oración

Generalmente las peticiones a Dios son un reflejo de las personas que conocemos y cosas que nos preocupan. Si tener una lista diaria de oración nos ayuda, debemos hacerla. Es correcto pedirle a Dios. Él nos invita a que le demos a conocer nuestras peticiones (Filipenses 4:6). Santiago escribe: «No tenéis porque no pedís» (4:2). No se hace daño al pedir, pero Santiago advierte contra la oración por motivos errados, que estorbará nuestra vida de oración (v. 3).

### *Cuestión de motivos*

Si venimos a la presencia de Dios con una actitud de gratitud y seguimos el ejemplo del Padrenuestro, nuestros motivos serán mucho más puros. Jesús nos enseñó:

> Vosotros, pues, oraréis así: Padre nuestro que estás en los cielos, santificado sea tu nombre. Venga tu reino. Hágase tu voluntad, como en el cielo, así también en la tierra. El pan nuestro de cada día, dánoslo hoy. Y perdónanos nuestras deudas, como también nosotros perdonamos a nuestros deudores. Y no nos metas en tentación, mas líbranos del mal; porque tuyo es el reino, y el poder, y la gloria, por todos los siglos, Amén (Mateo 6:9-13).

El primer requisito es tener una posición correcta delante de nuestro Dios soberano. Los soberanos terrenales otorgan audiencias a muy pocos ciudadanos. Si a usted se le concediera ese permiso, tendría que aproximarse respetuosamente. En algunos países no tener esto en cuenta le podría costar la vida. Entonces, ¿qué derecho tenemos de presentar nuestras peticiones ante el Rey de reyes? El autor de Hebreos dice: «Teniendo libertad para entrar en el Lugar Santísimo por la sangre de Jesucristo» (Hebreos 10:19). Cuando oramos en el nombre de Jesús, lo hacemos entendiendo que no tenemos derecho a acercarnos al trono de Dios, salvo sobre la base de la obra eficaz de Jesucristo. Gracias a Jesús, somos hijos de Dios por la fe y coherederos con su Hijo. Esta posición en Cristo, que todo creyente posee, es lo que nos abre el acceso a nuestro Padre celestial. Por esto oramos en el nombre de Jesús.

Jesús es nuestro abogado ahora delante de nuestro Padre celestial (1 Juan 2:12). Aun si el diablo nos acusa porque hemos pecado (véase Zacarías 3:1-5), Jesús está a la diestra de Dios y dice: «Mira mis heridas en las manos y los pies. Morí por los pecados de esta persona, y resucité para que tenga vida eterna». Ser coherederos con Jesús nos da acceso al trono de Dios, y tenemos derecho a estar allí porque somos hijos de Dios.

Afirmamos nuestra reverencia hacia Dios cuando oramos «santificado sea tu nombre», esto es: «Que tu nombre sea honrado como santo». La adoración es siempre una parte integral de la oración dirigida por el Espíritu porque adorar a Dios es adjudicarle los atributos divinos que solo Él posee. El conocimiento de la naturaleza de Dios y sus caminos da forma a nuestras oraciones. Por ejemplo, no tenemos que pedir al Señor que «esté con los misioneros», porque Él es omnipresente y en consecuencia está con los misioneros. Si conocemos la verdadera naturaleza de Dios, no le vamos a pedir a Él que nos proteja de nuestras indiscreciones cubriendo nuestro pecado y mintiendo por nosotros, porque Él es luz y en Él no hay ningún tipo de tinieblas, y no puede mentir. La verdadera adoración se hace en Espíritu y en verdad, y así son efectivas las oraciones.

***Motivos conformados a los motivos de Dios***

Segundo, debemos acercarnos a Dios con peticiones que son coherentes con los planes de su Reino y su voluntad. Dios no nos va a ayudar a establecer nuestro propio reino ni a hacer lo que queramos. No hacemos planes y le pedimos a Dios que los bendiga; pedimos a Dios que nos señale sus planes y luego nos dedicamos a seguirlos. Por cierto, Dios estará allí en la crisis; pero no podemos pensar en la oración como un puntapié de última hora en un juego de fútbol americano. La oración eficaz es como cuando el equipo junta sus cabezas para recibir instrucciones del capitán para la próxima jugada. «Y esta es la confianza que tenemos en él, que si pedimos alguna cosa conforme a su voluntad, él nos oye» (1 Juan 5:14).

Cuando yo era pastor, un miembro de la iglesia agonizaba enfermo de cáncer. Su esposa no quería que orara por él si terminaba la oración diciendo «si es tu voluntad». Ella pensaba que esa era solo una manera de evadirse. Más bien debía orar que Dios sanara a su marido. Esto me entristeció, porque nada quería más para mi amigo que la voluntad de Dios, y nada hay que desee más para mí. ¿Cree usted que la voluntad de Dios es buena, aceptable y perfecta para usted (Romanos 12:2)? Si usted adora a Dios en Espíritu y en verdad, deseará solo la voluntad de Dios; lo demás será superfluo.

Como si eso no fuera suficiente impostura para ahogar el Espíritu de Dios, cuatro testigos en forma independiente dijeron que mi amigo iba a sanar, y las noticias de esta «revelación» se difundió por la iglesia. «¿No es maravilloso, pastor? El Señor ha dicho a cuatro personas que él va a sanar». Tres semanas después mi amigo murió, de modo que Dios quedó como mentiroso. ¡Qué error! «Es imposible que Dios mienta» (Hebreos 6:18). Los cuatro testigos no habían oído a Dios; prestaban atención a espíritus engañadores cuyo propósito era desacreditar a Dios.

***Los motivos los gobiernan nuestras necesidades, no nuestros deseos***

La frase del Padrenuestro: «el pan nuestro de cada día, dánoslo hoy» da a entender que debemos pedir a Dios por nuestras necesidades, no por nuestros deseos. El salmista escribe: «Deléitate así mismo en Jehová, y él te concederá las peticiones de tu corazón» (Salmo 37:4). Él no nos concederá los deseos de nuestra carne, pero si nos deleitamos en Él, nuestros deseos cambiarán y serán coherentes con lo que Él considera mejor para nosotros. La verdad es que nosotros no siempre sabemos lo que es mejor para nosotros. Por eso debemos confiar en Dios cuando dice «no» a algunas de nuestras peticiones, y «sí» o «después» cuando es para nuestro bien.

Catherine Marshall, autora de la famosa novela *Christy*, es la viuda de Peter Marshall, famoso pastor cuya vida se describe en el libro y película *Su nombre era Pedro*. Durante el curso de su ministerio pastoral, Catherine se enfermó y estuvo en cama por un año. Nadie podía explicar su enfermedad, y ninguna oración parecía producir alguna diferencia. Trataron todos los remedios posibles, pero sin resultados. Finalmente, Catherine hizo una oración de renuncia. No sé cuáles fueron las palabras exactas, pero la esencia de su oración fue: «Señor, renuncio a tratar de mejorarme y dejaré de tratar de persuadirte a que me sanes o de darme alguna explicación de la razón de mi enfermedad. Acepto la enfermedad como tu voluntad, y dejo de lado mi derecho de determinar qué es lo mejor para mí. Tú tienes el derecho de hacer con mi vida lo que quieras. Si me necesitas enferma con algún objetivo que no conozco, lo acepto como tu voluntad, puesto que a ti pertenezco. Amén». Cuatro días después ella se había levantado y se había recuperado completamente.

Pedir a Dios nuestro pan cotidiano afirma nuestra dependencia de Él. Como un ejemplo más, la oración de acción de gracias antes de una comida es un medio de reconocer que todas las cosas buenas vienen de Dios. Si nuestras necesidades diarias están cubiertas, es más fácil resistir las tentaciones con las que nuestro enemigo intenta que nuestras vidas sean independientes de Dios.

Finalmente, a fin de purificar nuestros motivos al presentarnos a Dios con nuestras peticiones, debemos perdonar a otros como esperamos que Él nos perdone. En el capítulo anterior conversamos sobre la inutilidad de orar a Dios mientras albergamos amargura en nuestros corazones. Dios nos dará capacidad para perdonar, y responderá nuestra oración cuando le decimos que necesitamos perdonar. Cualquier cosa que Él nos pida hacer, nos dará la capacidad para lograrlo. Me enseñaron a creer que «la voluntad de Dios nunca nos lleva a donde la gracia de Dios no pueda cuidarte».

## La oración personal en dos direcciones: El segundo nivel

Si la oración solo consistiera en peticiones, muchos de nosotros no podríamos pasar mucho tiempo en oración. Si no vemos respuestas a nuestras peticiones, tenemos la tentación de pensar que podemos lograr más si comenzamos a «hacer algo» para el Señor. Si es así, nuestro servicio para Dios sería el mayor enemigo de nuestra devoción a Él. Podemos cansarnos de pedir a Dios cuando la comunicación parece tener una sola dirección. A algunos les motiva la culpa para seguir haciendo peticiones aun cuando sus corazones no están en ello. En suma, cuando nuestro tiempo devocional consiste en peticiones solamente, esto detiene el crecimiento, conduce a una vida infructífera y a desilusionarnos de Dios.

El segundo nivel de oración es personal y en ambas direcciones. Cuando uno está cómodo en su presencia y no se siente obligado a hablar, ha entrado en una nueva dimensión de espiritualidad. Es como un buen matrimonio. Una pareja madura puede viajar en el auto durante horas, disfrutando la compañía mutua sin pronunciar palabra alguna. Sin embargo, si uno está solo con un extraño, el silencio es incómodo.

Llegar a comprender que está bien guardar silencio en la presencia de Dios cambió mi vida de oración. Realmente podía reposar en su presencia. Los que aprenden a «practicar su presencia» aprenden a orar sin cesar (1 Tesalonicenses 5:17). Cuando descubrí esto como pastor, comencé a tener comunión con Dios al conducir mi bicicleta cuando iba a la iglesia, cuando visitaba a enfermos, cuando hablaba en las iglesias y aconsejaba a otras personas. Ahora practico esta comunión cuando escribo libros. En mi camino aparecen historias, ilustraciones, pasajes de la Biblia y nuevas ideas, de un modo inexplicable aparte de Dios, por lo que el producto final de cada libro que he escrito ha sido diferente de lo que iba a ser cuado lo comencé. Dios está siempre presente, pero ahora estoy más consciente de su presencia. La oración personal convierte la relación con Dios en una experiencia de veinticuatro horas diarias. Apartar momentos especiales para la oración y los devocionales aún son importantes, pero cuando salgo de mis momentos en silencio, salgo con Dios, y la oración no se detiene.

## La intercesión verdadera: El tercer nivel de oración

Cuando la oración se hace personal entre Dios y su hijo, se posibilita la verdadera intercesión. Los verdaderos intercesores escuchan a Dios. Saben orar, y cuando oran es porque el Espíritu Santo intercede por ellos de un modo inexplicable.

De acuerdo con mis observaciones, hay pocos guerreros intercesores en oración. Son todos hombres de Dios adultos, y los más efectivos son las mujeres, aunque los hombres y las mujeres pueden ser igualmente eficaces. Estos intercesores oran privadamente en sus hogares, con frecuencia de noche. Cuando Dios les despierta, saben por quién y por qué orar, y permanecen en oración hasta que Dios les libera. Si usted hace de conocimiento público el ministerio de estas personas y lo exhibe a la luz, destruirá su eficacia. Si usted es líder en una iglesia, descubra los soldados de oración que hay en su congregación. Cada iglesia tiene por lo menos uno o dos. Deles a conocer su programa y las necesidades familiares. Cuando ellos oran, ocurren cosas, porque sus oraciones se originan en el cielo.

## Elegir la verdad, disipar las tinieblas

Los tres niveles de oración se correlacionan con los tres niveles de crecimiento descritos en 1 Juan 2:12-14. Juan describe como «hijitos» a los que han recibido el perdón de los pecados. Han vencido la pena del pecado por la gracia de Dios. En el nivel más alto, según Juan, están los viejos en la fe que tienen un conocimiento más reverente de Dios. Observe cómo Juan describe a los jóvenes en la fe: «Os he escrito a vosotros, jóvenes, porque sois fuertes, y la palabra de Dios permanece en vosotros, y habéis vencido al maligno». Los que han alcanzado el segundo nivel han aprendido a vencer el poder del pecado.

Aprender a vencer al maligno es esencial para la paz mental y para la oración eficaz. Es imposible que el Espíritu Santo le dirija si presta atención a un espíritu maligno. La tentación, las acusaciones y los pensamientos engañosos pueden distraer mucho. Si usted intenta enfrentar los pensamientos engañosos tratando de reprenderlos, será como una persona que trata de caminar sobre el agua mientras procura sumergir doce corchos con un pequeño martillo. Logrará sobrevivir por un momento, pero al final no tendrá éxito, y el diablo obtendrá toda su atención. Más bien tendríamos que ignorar los corchos y nadar hasta la playa. No debemos prestar atención a los espíritus engañosos. No hemos sido llamado a disipar las tinieblas sino a encender la luz. La clave es deshacernos de los pensamientos engañosos y es lo que tendrá oportunidad de hacer en el capítulo siete.

Las Escrituras no nos dicen que no tengamos malos pensamientos sino que elijamos la verdad. Las tinieblas se disipan cuando encendemos la luz. Si a usted lo atacan pensamientos tentadores, presente la base de la tentación a Dios, y procure resolver todo conflicto personal o espiritual que le impida tener una relación íntima con Él. Las maquinaciones del diablo no son lo importante, pero él se aprovecha del hecho de que nuestra intimidad con Dios se ha quebrantado debido a nuestro pecado y rebelión. Satanás sabe que si él puede distraernos, no podemos llevar una vida de oración, y la oración personal es esencial para recibir la dirección de Dios. Si hemos de caminar con Dios, debemos tener la paz de Dios que «guardará nuestros corazones y nuestros pensamientos en Cristo Jesús», Señor nuestro (Filipenses 4:7).

## *Protección espiritual*

La armadura de Dios provee la protección espiritual que necesitamos. Cuado nos vestimos la armadura de Dios (véase Efesios 6:10-20), nos estamos vistiendo del Señor Jesucristo (véase Romanos 13:12-14). No hay un lugar físico que pueda servir de santuario espiritual; nuestro único santuario es nuestra posición en Cristo. Resistimos los engaños de Satanás cuando ceñimos nuestros lomos con la verdad (Efesios 6:14). Resistimos las acusaciones de Satanás poniéndonos la coraza de justicia (v. 14). Esa pieza de la coraza no es *nuestra* justicia; es la justicia *de Cristo*. Los que se visten del Señor Jesucristo se convierten en instrumentos de paz porque están unidos con el Príncipe de Paz. El escudo de la fe nos protege de los dardos de fuego de Satanás (v. 16). Cuando nos ponemos el yelmo de la salvación, tomamos el lugar que nos corresponde en Cristo. Armados con su poder y autoridad, usamos la espada del Espíritu que es la Palabra de Dios. La verdad de Dios es lo que impide al padre de mentiras permanecer en nosotros.

No podemos tomar nuestro lugar en Cristo en forma pasiva. Tenemos que decidirnos activamente a creer lo que somos y todo lo que Cristo ha hecho por nosotros. Lo que suele olvidarse respecto de la armadura de Dios es nuestra responsabilidad. «*Tomad* toda la armadura de Dios, para que podáis resistir en el día malo, y habiendo acabado todo, estar firmes. *Estad, pues, firmes...*» (Efesios 6:13-14). Dios ha provisto toda la protección que necesitamos, pero será ineficaz si no asumimos nuestra responsabilidad de estar firmes en nuestra fe.

## *Oración: El arma esencial*

Muchos cristianos piensan que la lista de las piezas de la armadura termina con la espada, pero no es así. La oración es el arma esencial en la guerra espiritual, como Pablo explica en los versículos 18-20 de Efesios 6:

> Orando en todo tiempo con toda oración y súplica en el Espíritu, y velando en ello con toda perseverancia y súplica

por todos los santos; y por mí, a fin de que al abrir mi boca me sea dada palabra para dar a conocer con denuedo el misterio del evangelio, por el cual soy embajador en cadenas; que con denuedo hable de él, como debo hablar.

La oración dirigida por el Espíritu afecta la esfera espiritual más que la física. El diablo enceguece la mente de los incrédulos (2 Corintios 4:4) y engaña a todo el mundo (Apocalipsis 12:9). En consecuencia todo el mundo está bajo el poder del maligno (1 Juan 5:19). Por eso es que los cristianos deben llegar hasta los niveles dos y tres para ser eficaces soldados de oración. Durante la era de esta iglesia Dios se ha dedicado a trabajar por medio de los cristianos que han vencido al maligno y están llenos de su Espíritu Santo. Estos creyentes dirigidos por el Espíritu hacen la obra del Reino, y sus oraciones frustran las actividades de Satanás. En esto es que la oración intercesora es más efectiva, y los que son guiados a orar de esta forma cumplen el propósito eterno de Dios, como lo explica Pablo en Efesios 3:8-12:

> A mí, que soy menos que el más pequeño de todos los santos, me fue dada esta gracia de anunciar entre los gentiles el evangelio de las inescrutables riquezas de Cristo, y de aclarar a todos cuál sea la dispensación del misterio escondido desde los siglos en Dios, que creó todas las cosas; para que la multiforme sabiduría de Dios sea ahora dada a conocer por medio de la iglesia a los principados y potestades en los lugares celestiales, conforme al propósito eterno que hizo en Cristo Jesús nuestro Señor, en quien tenemos seguridad y acceso con confianza por medio de la fe en él.

## PREGUNTAS PARA MEDITAR Y DEBATIR

1. Describa su experiencia personal en los tres niveles de oración identificados en este capítulo: petición, personal, intercesión.

2. Explique cómo nuestros motivos para orar se purifican siguiendo el ejemplo del Padrenuestro.

3. ¿Cuándo debemos hacer una oración de renuncia y cuándo debiéramos perseverar en oración?

4. ¿Cómo se encuentran entretejidas la oración personal y la oración sin cesar?

5. ¿Cómo caracteriza Juan a los hijitos, los jóvenes y los hombres de fe? ¿Cómo podemos relacionar esto con la oración?

6. ¿Qué tiene que ver la oración con la guerra espiritual?

7. Vestirse la armadura de Dios, ¿es un prerrequisito para orar en el Espíritu? ¿Por qué?

8. ¿Qué esfera es más afectada por la oración, la física o la espiritual? ¿Por qué?

9. ¿Cómo debiera esto afectar su vida personal de oración?

CAPÍTULO CUATRO

# Intercedamos en oración

*Después de haber pedido en pocas palabras la bendición de Dios sobre su preciosa Palabra, lo primero que hago es meditar en la Palabra de Dios, escudriñando cada versículo para obtener la bendición que en Él hay... a fin de obtener el alimento para mi alma. El resultado casi invariable ha sido que después de unos pocos minutos mi alma ha sido conducida a confesión, acción de gracias, intercesión o súplica; de modo que aunque no me había entregado a la oración sino a la meditación, esta se volvió casi inmediatamente en oración.*
GEORGE MUELLER

EN UNO DE MIS VIAJES A SUDAMÉRICA, conversé con dos pastores que tenían planes de renunciar a sus iglesias para postularse a cargos públicos. Pensaban que podían lograr más si tenían una posición política de influencia y poder. Respetuosamente discrepé de ellos. Estos pastores estaban abandonando su llamamiento y la autoridad espiritual que tenían sobre el reino de las tinieblas, el cual manipula a los gobernadores terrenales. Los creyentes tienen el potencial de lograr mucho más en virtud de su posición en Cristo que obteniendo alguna posición terrenal. Piense cómo Cristo impactó a este mundo sin tener ningún oficio eclesiástico ni político. Nos mostró lo que un hijo de Dios puede lograr si se relaciona adecuadamente con el Padre

## Nuestra actitud en oración hacia los que tienen autoridad sobre nosotros

Respecto de los gobernadores terrenales, Pablo nos ordena orar de esta manera:

> Exhorto ante todo, a que se hagan rogativas, oraciones, peticiones y acciones de gracias, por todos los hombres; por los reyes y por todos los que están en eminencia, para que vivamos quieta y reposadamente en toda piedad y honestidad. Porque esto es bueno y agradable delante de Dios nuestro Salvador, el cual quiere que todos los hombres sean salvos y vengan al conocimiento de la verdad. Porque hay un solo Dios, y un solo mediador entre Dios y los hombres, Jesucristo hombre (1 Timoteo 2:1-5).

Es contraproducente para la iglesia no estar en armonía con el gobierno civil. Dios ha dado a la iglesia la autoridad espiritual, y a los gobernantes la autoridad civil (véase Romanos 13:1-8). La iglesia no gobierna el estado, pero tenemos conciencia del estado, y tenemos autoridad sobre el dios de este siglo. Los líderes no cristianos andan en la «corriente de este mundo, conforme al príncipe de la potestad del aire, el espíritu que opera en los hijos de desobediencia» (Efesios 2:2). Pedro instruyó en cuanto a la forma en que debe responder a las autoridades un cristiano liberado:

> Por causa del Señor someteos a toda institución humana, ya sea al rey, como a superior, ya a los gobernadores, como por él enviados para castigo de los malhechores y alabanza de los que hacen bien. Porque esta es la voluntad de Dios: que haciendo bien, hagáis callar la ignorancia de hombres insensatos; como libres, pero no como los que tienen la libertad

como pretexto para hacer lo malo, sino como siervos de Dios. Honrad a todos. Amad a los hermanos. Temed a Dios. Honrad al rey (1 Pedro 2:13-17).

No podemos estar en buena relación con Dios y rebelarnos contra la autoridad que Él estableció. Debe afligir a Dios oír de líderes y seguidores cristianos que hablan negativamente contra el gobierno civil y su liderato. Estoy plenamente consciente de que cada país en el mundo tiene líderes despreciables, pero respetamos su posición, no su persona. El liderato cristiano debe dar ejemplo sometiéndose a las autoridades civiles y orando por los que están en eminencia. Los políticos no respetan la iglesia cuando nosotros apuntamos el dedo contra ellos, porque saben que tenemos nuestros propios problemas. ¿Cuán hipócrita es esto? Jesús nos advierte en cuanto a ver la paja en el ojo de otro, mientras ignoramos la viga en el nuestro (Mateo 7:1-5). Además, el juicio comienza en la casa de Dios. Muchos políticos no ven la iglesia como su aliada. De hecho, muchos ven la iglesia como su archienemiga. ¡Qué vergüenza!

## *Dos maneras de orar*

Permítanme sugerirles dos maneras de orar por las autoridades que nos gobiernan. Primero, debemos orar para que Dios los capacite como instrumentos de justicia en nuestra tierra, y especialmente, debemos orar por necesidades específicas que ellos puedan tener. No podemos conocer sus necesidades si no preguntamos. Exhorto a los representantes de los ministerios locales que hagan citas con los líderes cívicos locales y les pregunten en qué forma la comunidad cristiana puede orar por ellos.

Una delegación de este tipo se acercó a una política feminista, que estaba más que preparada para el encuentro. Con su guardia en alto, los recibió diciéndoles:

—Quiero que sepan que soy una activista a favor del aborto y que además soy feminista.

—Señora —respondieron—, esa es su decisión, pero no estamos aquí por eso. Usted ha sido elegida nuestra representante, y venimos a preguntarle cómo podemos orar por usted para que su período sea un éxito.

Esto la tomó completamente por sorpresa y la dejó sin palabras. Finalmente respondió con algunas necesidades personales y les dio las gracias por la visita. En el período de un año su registro de votos comenzó a cambiar.

Este enfoque sigue el ejemplo del Padrenuestro. Estos pastores se acercaron a una figura de autoridad con la intención de ayudarle a cumplir bien sus responsabilidades. Los políticos tienen una gran responsabilidad, y muchos de ellos comprenden que su tarea es imposible sin el apoyo de los demás. Por eso no están inclinados a rehusar la oración.

Lo mismo sirve para las peticiones por su superior en el trabajo. No le gustan los trabajadores que hacen más difícil su trabajo. Así que si usted se acerca a su jefe con el deseo de ayudarle a tener éxito, probablemente va a escuchar lo que usted tenga que decir. ¿Qué piensa que ocurriría si dice a su jefe: «Yo sé que usted tiene mucho trabajo y mucha responsabilidad? ¿Cómo podemos orar por usted mi familia y yo?» Sus peticiones, solicitudes y sugerencias muy probablemente serán consideradas si ayudan a que tenga más éxito aquel a quien se las está presentando. ¿No sería provechoso para usted que los líderes que lo supervisan obtuvieran mayores logros en el cumplimiento de sus responsabilidades? Por otra parte, su trabajo y carrera pueden estar en peligro si ellos no logran el éxito. La falta de disposición para apoyarlos, con la esperanza de verlos fracasar para tomar usted su puesto, es no tener a la otra persona como más importante que usted (véase Filipenses 2:1-5), y provocará en otros deslealtad hacia usted debido a su ejemplo.

Creo que la comunidad eclesiástica debiera orar también por los servidores civiles que nos protegen de los delincuentes, de los incendios y otros desastres. En una ciudad, un grupo de pastores se acercó al jefe de la policía, que era cualquier cosa, menos cristiano, y le dijeron:

—Realmente apreciamos todo lo que el departamento de policía hace por nosotros, y nos preocupa su seguridad. ¿Será posible tener una lista de todos los policías y distribuirla con sus nombres a las iglesias de su distrito, para que la comunidad cristiana pueda orar por protección y seguridad para ellos?

El jefe de la policía se quedó asombrado por la petición y llamó a su ayudante y le dijo:

—Deles todo lo que le pidan.

Lo mismo puede hacerse por nuestros bomberos y maestros de escuelas públicas. Tendremos una vida más tranquila y en paz con toda piedad y honestidad si oramos de esta manera. Segundo, debemos orar por la salvación de nuestros líderes. La gente que está en autoridad tiene necesidad del Señor igual que todos. Orar por sus necesidades puede dar la oportunidad de cobijarlos con amor en los brazos del Señor. Después de todo, no podemos *predicar* las buenas nuevas y que *sean* malas nuevas. Si nuestros líderes sienten que realmente nos interesamos por ellos, van a ser mucho más sensibles a lo que les decimos. Recuerde: «Dios quiere que todos los hombres sean salvos y vengan al conocimiento de la verdad» (1 Timoteo 2:4).

## Oremos por un mensajero a los perdidos

En mi primer pastorado, discipulé brevemente a un joven recién salido de la universidad. Su madre asistía a nuestra iglesia, pero su padre, divorciado de su madre, no era creyente. Este joven se casó y fue al campo misionero. Durante los veinticinco años que siguieron oró por la salvación de su padre, sin resultado positivo. Finalmente se rindió frustrado, y en esencia esto es lo que dijo al Señor: «Por veinticinco años he orado por mi padre y nada ha ocurrido. Ya no veo la necesidad de orar porque parece no dar resultado alguno». Bien, el Señor había hecho todo lo que tenía que hacer; pero faltaba que el misionero orara de la manera que la Biblia nos manda orar.

Entonces, ¿cómo debemos orar —o no orar— por los perdidos? Primero, no tenemos que orar que Jesús convenza a los incrédulos de su pecado. Podemos reclamarlo como promesa porque Jesús dijo que el Espíritu Santo «convencerá al mundo de pecado, de justicia y de juicio» (Juan 16:8). Segundo, sin embargo, debemos orar para que Dios le envíe al incrédulo a un buen testigo. Jesús dijo a sus discípulos: «La mies es mucha mas los obreros pocos. Rogad al Señor de la mies, que envíe obreros a su mies» (Mateo 9:37-38). En esta misma línea, Pablo escribe en Romanos 10:13-15:

> Porque todo aquel que invocare el nombre del Señor será salvo. ¿Cómo, pues, invocarán a aquel en el cual no han creído? ¿Y cómo creerán en aquel de quien no han oído? ¿Y cómo oirán sin haber quien les predique? ¿Y cómo predicarán si no fueren enviados? Como está escrito: ¡Cuán hermosos son los pies de los que anuncian la paz, de los que anuncian buenas nuevas!

El misionero que mencioné comenzó a pedir a Dios que enviara un predicador o mensajero a su padre. Seis semanas después recibió una carta de su padre que decía en esencia: «Hijo, pienso que te gustaría saber que alguien en mi apartamento me invitó a un estudio de la Biblia hace unas pocas semanas, y he decidido aceptar a Cristo».

Jesús declara que los campos están blancos para la siega (Juan 4:35), y nosotros debemos orar por obreros y pedir humildemente a Dios que los envíe. Ilustremos cómo funciona esto. Una iglesia daba al moderador de nuestra junta un banquete para celebrar sus veinticinco años de liderato pastoral, y fui invitado para ser el orador. Hablé en el servicio de adoración de la iglesia en la mañana al día siguiente y después almorzamos juntos. Él y su esposa se mostraron desilusionados porque uno de sus hijos no había ido al culto. Les conté la historia de mi amigo misionero, y sugerí que orásemos y pidiéramos a Dios que enviara un mensajero a su hijo.

El martes por la mañana recibí una llamada telefónica. «No me vas a creer, pero anoche me llamó mi hijo». Pocas horas después que los padres y yo oramos, invitaron al hijo a asistir a un estudio bíblico el lunes por la noche. En el estudio bíblico descubrieron que su padre era pastor y le dijeron que necesitaban que alguien los guiara. De acuerdo con el pedido de ellos, este joven llamó tarde esa noche del lunes y pidió a su padre que dirigiera el estudio bíblico. Hizo esto todo el año. Cinco años después, me pidieron que hablara nuevamente, esta vez en el trigésimo aniversario del pastorado de este siervo. El hijo, que anteriormente estuviera descarriado, fue el maestro de ceremonias.

Estaba enseñando una clase para Doctorado en Ministerio en la Trinity Evangelical Divinity School. El primer día de clases (un lunes), un pastor de avanzada edad de otra clase me saludó y se interesó en conversar sobre la mejor manera de hacer uso de nuestro material en su iglesia. Más tarde ese día tenía un urgente pedido de oración. Su yerno era oficial en la fuerza aérea estacionada en Arabia Saudita. Estaba tan deprimido que tenía ideas suicidas. Le hable de lo que habíamos dicho antes sobre la oración, y le sugerí que pidiéramos al Señor que enviara un mensajero a su yerno, alguien que pudiera ayudarlo.

El viernes por la mañana el pastor me esperaba para darme una buena noticia: «No creerá esto, pero algunos momentos después que oramos, un alto oficial que es cristiano se puso en contacto con mi yerno. Anoche mi yerno llamó para decirme que todo estaba bien». Este hombre había encontrado la ayuda que necesitaba: Dios se la había enviado.

## Oración por la vida del perdido

Hay una segunda cosa que debemos poner en oración acerca del perdido. El apóstol Juan escribe en 1 Juan 5:12-17:

> El que tiene al Hijo, tiene la vida; el que no tiene al Hijo de Dios, no tiene la vida.
>
> Estas cosas he escrito a vosotros que creéis en el nombre del Hijo de Dios, para que sepáis que tenéis vida eterna, y para que creáis en el nombre del Hijo de Dios. Y esta es la confianza que tenemos en él, que si pedimos alguna cosa conforme a su voluntad, él nos oye. Y si sabemos que él nos

oye en cualquier cosa que pidamos, sabemos que tenemos las peticiones que le hayamos hecho.

Si alguno viere a su hermano cometer pecado que no sea de muerte, pedirá, y Dios le dará vida; esto es para los que cometen pecado que no sea de muerte. Hay pecado de muerte, por el cual yo no digo que se pida. Toda injusticia es pecado; pero hay pecado no de muerte.

He incluido el extenso contexto del versículo 16 porque es importante ver que Juan está hablando de *vida espiritual* (*zoe*, en griego) y de muerte, no de la vida y muerte física. Lo que Adán y Eva perdieron en la caída fue su vida espiritual (*zoe*). Como consecuencia, todos nacimos muertos (es decir, físicamente vivos, pero espiritualmente muertos) en delitos y pecados (Efesios 2:1), y Jesús vino para darnos vida (Juan 10:10).

Juan dice al lector que Dios responderá la oración si es conforme a su voluntad. Entonces da una ilustración específica de una oración intercesora por quien haya cometido pecado no de muerte. Al escribir «pedirá», Juan no da un mandamiento; se refiere a la oración inevitable y espontánea de creyentes dirigidos para hacerlo.

Para explicar rápidamente una de las expresiones de Juan, «el pecado de muerte» es similar a la blasfemia contra el Espíritu Santo. La única obra del Espíritu Santo es solo guiarnos a Cristo y dar a conocer su obra consumada. Si rechazamos ese testimonio, como hicieron los fariseos, nunca llegaremos a Cristo, que murió por nuestros pecados. Esencialmente es el pecado de incredulidad, y ningún cristiano puede cometer ese pecado, porque a todos ya Cristo los perdonó. Sin embargo, el faraón de Egipto endureció su corazón tres veces a pesar de los milagros que Moisés realizó, tal y como vemos en la primera parte del libro de Éxodo. De allí en adelante Dios le endureció el corazón. Este es un ejemplo del pecado de muerte. (Pero dado que no sabemos la condición del corazón de otra persona, aunque Dios sí la conoce, debemos orar por quienquiera que Dios ponga en nuestro corazón.)

## Somos llamados a participar

Las palabras de Juan en este importante pasaje suelen considerarse como no aplicables a la oración por los perdidos, porque se supone que la palabra «hermano» (v. 16) en las Escrituras siempre se refiere a un creyente nacido de nuevo. Sin embargo, la palabra hermano se puede usar en un sentido más amplio como «prójimo» o de alguien que asiste a las reuniones cristianas. Esto está implícito en las enseñanzas de Jesús (véase Mateo 5:22-24; 7:3-5) y de Santiago (5:19-20). *Hermano* puede referirse al afecto en la consideración de una persona, y no necesariamente a su posición o carácter.

El punto crítico planteado por Juan respecto de tal «hermano», como señala John Stott, es que ha recibido vida en respuesta a la oración. Esto significa que aunque su pecado «no es de muerte, en realidad está muerto y necesita vida».[3]

Si tomamos literalmente el pasaje de 1 Juan, y así debe ser, tenemos que concluir que Dios ha elegido las oraciones de sus hijos como parte del proceso de salvación («pedirá y Dios... dará vida»). Eso no significa que podemos decidir por nosotros mismos quién queremos que sea salvo y que su salvación es segura porque decidimos orar. Hay otros jugadores en el proceso, a saber Dios y la decisión de fe del pecador. Jesús declara: «Ninguno puede venir a mí si el Padre que me envió no le trajere; y yo le resucitaré en el día postrero» (Juan 6:44). Yo creo que Dios es soberano en el proceso de salvación; pero en su soberanía, ha decidido trabajar por medio de la iglesia. Nos comisionó para ir por todo el mundo, nos llamó a ser sus testigos, y nos dice que oremos de tal forma que Él nos oiga desde los cielos.

Después de explicar a los grupos como se ora en el Espíritu, uso este pasaje de 1 Juan como ejemplo. Para beneficio de la congregación, invito al Espíritu Santo que repose en los corazones de las personas que Él quiere que oren. Entonces los invito a decir en voz alta los nombres que les vengan a la mente. A los pocos segundos se oyen los nombres a través de todo el auditorio. Después de un par de minutos el salón empieza a quedar en silencio, y entonces se expresa una segunda ronda de nombres, y algunas personas comienzan a llorar. Es muy posible que la primera ronda de nombres incluya a personas por las que la audiencia está preocupada (como debe ser)... y que la segunda ronda sean nombres que vienen de Dios.

Cuando oramos humildemente para que Dios dé vida a los incrédulos y les envíe un mensajero, no debe sorprendernos si descubrimos más tarde que nosotros somos los mensajeros que Dios tenía en su propósito. En efecto, los que tienen una vida personal de oración con Dios probablemente han sido los mensajeros a quienes Dios ha enviado en respuesta a las oraciones de otras personas.

## Oremos contra la ceguera de los perdidos

Hay una tercera parte que nos corresponde en la oración por los perdidos. En 2 Corintios 4:3-4, Pablo escribe:

> Pero si nuestro evangelio está aún encubierto, entre los que se pierden está encubierto; en los cuales el dios de este siglo cegó el entendimiento de los incrédulos, para que no les resplandezca la luz del evangelio de la gloria de Cristo, el cual es la imagen de Dios.

¿Cómo vamos a alcanzar los perdidos para Cristo si Satanás ha cegado sus mentes? Debe ser obvio que esto requiere una guerra espiritual en oración. Theodore Epp dio una respuesta perspicaz en su pequeño libro *Praying with Authority*:

> Es cierto que el poder de Satanás ha sido quebrantado (Hebreos 2:14-15; Colosenses 2:15), pero debemos reconocer que no se desprenderá de nada que piensa que puede retener, hasta que ejerzamos la autoridad que nos delegó el Señor Jesucristo. Orar no es tratar de persuadir a Dios que se una a nosotros en su servicio. Somos nosotros que nos unimos a Él en su servicio. La verdadera oración de parte de los cristianos es tomar por la fe la propiedad que Satanás tiene

en sus manos, pero que en justicia pertenece a Dios, y luego aferrarse hasta que Satanás ceda. El maligno retendrá estas almas hasta que tomemos nuestro lugar demandando que se les suelte con la autoridad que tenemos en Cristo.[4]

## Oremos por el creyente rebelde

En el Antiguo Testamento, el libro de Oseas es sobre el amor de Dios hacia Israel, a pesar de la infidelidad de ellos. Esto se describe vívidamente con el matrimonio de Oseas con Gomer, la esposa infiel. Oseas permaneció fiel a Gomer y escribió esto que también refleja el modo en que Dios trata con su pueblo rebelde.

> Por tanto, he aquí yo rodearé de espinos su camino, y la cercaré con seto, y no hallará sus caminos. Seguirá a sus amantes, y no los alcanzará; los buscará, y no los hallará. Entonces dirá: Iré y me volveré a mi primer marido, porque mejor me iba entonces que ahora (Oseas 2:6-7).

Expresado en lenguaje moderno, Oseas dice: «No seré uno que le permita todo. Voy a dejar que sufra las consecuencias naturales de su conducta. Cuando esto ocurra, los demás perderán el interés en ella, y regresará a casa, porque comprenderá que esto es mejor para ella». Este razonamiento es muy similar al del padre que deja que su hijo pródigo sufra las consecuencias naturales de su pecado. Cuando finalmente volvió en sí, la única opción para sus sentidos era regresar al hogar.

Esto debiera también establecer un patrón sobre el modo de orar por los rebeldes: «Señor rodea su camino de espinos». Oramos de este modo con la esperanza de que Dios hará que todas las influencias dañinas lo dejen. El cerco de espinos los mantendrá lejos. También recomiendo que usted ore: «Señor, haz lo que tengas que hacer para que vuelvan en sí, pero cuida sus vidas». Si el rebelde es uno de sus hijos o su cónyuge, sus oraciones resultarán como una intervención espiritual. Si no son creyentes, debe orar a

Dios que les envíe un mensajero y les dé vida, y usted impondrá su autoridad sobre las tácticas cegadoras de Satanás.

A nadie le gusta ver sufrir a sus amados, pero el sufrimiento es un medio que Dios utiliza para atraer nuestra atención. Si usted comienza a orar para que sus seres amados sufran las consecuencias del pecado, debe también comenzar a prepararse para que regresen al hogar y esta sea una decisión fácil. Oseas escribe: «Pero he aquí que yo la atraeré y la llevaré al desierto, y hablaré a su corazón. Y le daré sus viñas desde allí, y el valle de Acor por puerta de esperanza; y allí cantará como en los tiempos de su juventud» (2:14-15). Muchas personas que han arruinado su vida necesitan recibir esperanza y una nueva oportunidad.

Prediqué este mensaje a mi congregación hace algunos años, y una querida madre vino a visitarme dos semanas después. Dijo: «He estado orando por mi hija descarriada de la manera que usted sugirió, pero no sirvió. Todo fue peor para ella, Perdió su trabajo, se fue su compañera de habitación y la dejó con cuentas que no puede cubrir». Dios sí contestó las oraciones de esta madre, pero ella no lograba verlo al principio, porque no quería ver sufrir a su hija. Yo querría, si eso la trajera de vuelta al hogar.

Pablo llega hasta el punto de ordenar que la persona extraviada sea entregada a Satanás para destrucción de la carne, a fin de que el espíritu sea salvo en el día del Señor Jesús (1 Corintios 5:5). Que el rebelde sufra las consecuencias naturales de vivir en este mundo caído, si eso se necesita para salvar su alma. Reconozco que no es fácil ver luchar a nuestros hijos cuando queremos lo mejor para ellos... pero, ¿qué opción tenemos? ¿Queremos que sean felices separados de Dios por unos pocos años en el planeta, o preferimos que sufran la pérdida de todas las cosas para que puedan ganar a Cristo? (Filipenses 3:7-8).

## Dios responde

Cuando Satanás preguntó a Dios acerca de la devoción de su pueblo, Dios señaló a Job como el hombre más justo de la tierra, el reino de Satanás. «Respondiendo Satanás a Jehová, dijo:

¿Acaso teme Job a Dios de balde? ¿No le has cercado alrededor a él y a su casa y a todo lo que tiene?» (Job 1:9-10). Dios puede poner cerco de protección sobre sus hijos, y los pone. Con frecuencia oro a Dios para que ponga un cerco de protección alrededor de mí, mi familia, mis posesiones y mi ministerio. Dios también puede quitar la protección si sirve a un mejor propósito, como fue el caso de Job. Si Dios hiciera eso para probarnos, recordemos que finalmente todo lo que Él haga será justo, como sucedió con Job. (Relato mi experiencia en esto en el capítulo 6.)

La oración intercesora siempre es coherente con las Escrituras, y es eficaz cuando nuestras oraciones se originan en el cielo. Los hijos de Dios, llenos de su Espíritu oran, Dios responde y el Reino de Dios se extiende. Las cartas escritas a las siete iglesias de Apocalipsis (caps. 2 y 3) terminan con la misma exhortación: «El que tiene oído, oiga lo que el Espíritu dice a las iglesias» (2:7). ¿Estamos oyendo?

## PREGUNTAS PARA MEDITAR Y DEBATIR

1. ¿Qué actitud debiéramos tener hacia los políticos y autoridades que están sobre nosotros?
2. ¿Cómo podría usted orar por los servidores civiles?
3. ¿Cómo oraría usted por los perdidos?
4. ¿Ha sido usted alguna vez un mensajero enviado por Dios?
5. ¿Le ha despertado Dios alguna vez para que ore por otros?
6. ¿Cómo oraría usted por un hijo o amigo rebelde?
7. ¿Qué hace el cerco de espinos?

## CAPÍTULO CINCO

# Vivamos en el Espíritu

*Uno solo puede pedir a Dios que haga por medio de otro lo que uno está dispuesto que el Señor haga por medio de uno. Esa es la ley de la intercesión en todos los niveles de la vida. Solo siempre que se haya probado y demostrado que queremos hacer algo nosotros mismos podemos interceder por otros. Cristo es un Intercesor, porque Él tomó el lugar de cada uno por el cual oró. Nunca se nos llama a interceder por el pecado, pues eso ya fue hecho de una vez y para siempre; pero con frecuencia se nos llama a interceder por los pecadores y sus necesidades, y el Espíritu Santo nunca puede atar al «hombre fuerte» por medio de nosotros en un nivel más alto que aquel en que por primera vez tuvo la victoria en nosotros.*
REES HOWELLS

UN JOVEN PILOTO ACABABA DE PASAR el punto de no retorno cuando el tiempo empeoró. La visibilidad disminuyó a pocos pies cuando descendió la neblina. Confiar totalmente en los instrumentos era una nueva experiencia para él, porque la tinta aún estaba húmeda en el certificado que verificaba que estaba capacitado para volar con instrumentos.

Lo que más le preocupaba era el aterrizaje. Su destino era un aeropuerto metropolitano de mucho tráfico con el que no estaba familiarizado. En pocos minutos tendría que estar en contacto con la torre. Hasta entonces, estaría a solas con sus pensamientos. Al volar sin visibilidad, se dio cuenta de lo fácil que es caer en el pánico. Dos veces trató de usar la radio para trasmitir un «pedido de socorro», pero se obligó a seguir adelante repasando las palabras del instructor. Su instructor de vuelo le había exigido que memorizara el libro de reglas. Antes no le había dado mucha importancia, pero ahora le estaba muy agradecido.

Finalmente oyó la voz del controlador aéreo. Tratando de no parecer inquieto el joven piloto pidió instrucciones de aterrizaje. «Voy a retrasar su aterrizaje», respondió el controlador. ¡Qué bueno! Pensó el piloto. Sabía que un aterrizaje seguro estaba en manos de esa persona. Una vez más tenía que apegarse a las instrucciones de vuelo y confiar en la voz del controlador de tráfico aéreo, a quien no podía ver. En mi mente adquirió un nuevo significado la letra de un viejo himno: «Confiar en Jesús y obedecer, no hay senda mejor». Consciente de que este no era momento para el orgullo, informó al controlador: «No es un profesional avezado el que está aquí arriba. Apreciaría mucho toda la ayuda que pueda darme». «Así será» oyó como respuesta.

Durante los siguientes cuarenta y cinco minutos, el controlador gentilmente guió al piloto a través de la niebla que le privaba de la visión. A medida que ocurrían periódicamente las correcciones de rumbo y altitud, el joven piloto se daba cuenta que el controlador lo guiaba evitando obstáculos y alejándolo de posibles colisiones. Repasando en su mente las palabras del libro de instrucción, y con la voz suave del controlador, aterrizó a salvo.

El Espíritu Santo nos guía por el laberinto de la vida en gran medida a la manera del controlador de tráfico aéreo. El controlador suponía que el joven piloto entendía las instrucciones del manual de vuelo, y las que le fue dando estaban basadas en él. Así ocurre con el Espíritu Santo; puede guiarnos solo si tenemos el conocimiento de la Palabra de Dios en nuestra mente. La combinación de la Palabra de Dios con la dirección del Espíritu es la base para andar en el Espíritu, que es lo que necesitamos si vamos a orar por el Espíritu. En consecuencia, en este capítulo veremos detalladamente el modo en que el creyente camina en el Espíritu y es guiado por el Espíritu.

## La necesidad urgente

En los comienzos de la historia de la iglesia, el Concilio de Jerusalén se reunió para tratar dos problemas fundamentales que amenazaban al cuerpo de creyentes (véase Hechos 15). Un problema era la circuncisión, y el otro era participar en comidas sociales con el uso de alimentos que no eran *kosher*. El debate era sobre los límites del legalismo y el libertinaje. Esa tensión aún existe.

Es importante observar cómo los cristianos de la antigüedad llegaron finalmente a un acuerdo. Primero, escudriñaron las Escrituras: «Con esto concuerdan las palabras de los profetas, tal como está escrito» (Hechos 15:15). Después de consultar las Escrituras escribieron una carta que sería enviada por medio de Pablo, dos de cuyas frases dicen: «De común acuerdo hemos decidido ... Nos pareció bien al Espíritu Santo y a nosotros» (vv. 25, 28). La búsqueda de dirección a través de la crisis fue equilibrada; consultaron las Escrituras y conocieron la mente de Cristo con la ayuda del Espíritu Santo.

Necesitamos desesperadamente la dirección de Dios en medio del deceso moral de nuestro país. En demasiados casos nuestra única respuesta a la inmoralidad es enfatizar las normas morales de la Ley. Vemos el divorcio, predicamos contra el divorcio. Vemos las borracheras, y predicamos contra el abuso del alcohol. Vemos las drogas, así que predicamos sobre las drogas. ¿Qué resultado da esto? Proclamar la Ley nunca ha dado resultado ni lo dará. Tolerar el pecado tampoco resulta. Ni el legalismo ni el libertinaje podrán detener la marea de la decadencia moral. Lo que necesitamos, la respuesta para vencer el pecado, es lo que enseña Gálatas 5:16-18:

> Digo, pues: Andad en el Espíritu, y no satisfagáis los deseos de la carne. Porque el deseo de la carne es contra el Espíritu,

y el del Espíritu es contra la carne; y éstos se oponen entre sí, para que no hagáis lo que quisiereis. Pero si sois guiados por el Espíritu, no estáis bajo la ley.

El manual de instrucciones es la autoridad según la cual volamos. Pero, ¿quién va a negar que el avión lo puede controlar algo que no es piloto, o quién duda de la necesidad de un controlador de tráfico aéreo? Necesitamos la dirección del Espíritu Santo. Pero, ¿cómo andamos o vivimos por el Espíritu? Si respondiera a esta pregunta con una fórmula de tres pasos, les estaría proponiendo que regresaran bajo la Ley. Andar en el Espíritu no es una cuestión legal; es un problema personal. Los controladores de tráfico aéreo son personas vivas, no voces pregrabadas basadas en una condición predecible del tiempo. El Espíritu Santo no es una «cosa»; es una persona, es Él.

El pasaje que citamos de Gálatas explica más lo que no es andar en el Espíritu, que lo que es. Pero saber eso es útil porque nos pone límites dentro de los cuales vivimos. Consideremos, pues, lo que no es andar en el Espíritu.

## Andar en el Espíritu no es libertinaje

Lo primero que aprendemos del pasaje citado es que andar en el Espíritu no es libertinaje. *Libertinaje* es un estilo de vida excesivo o indisciplinado que constituye abuso de privilegio. Ser *licencioso* significa que una persona carece de disciplina moral y no tiene consideración por las normas y reglas aceptadas. Si andamos por el Espíritu no daremos lugar a los deseos de la carne, y no vamos a hacer cuanto nos plazca.

Cuando nací, dependía completamente de mi madre y de mi padre para sobrevivir. Si no me hubieran alimentado, cambiado los pañales, ni me hubieran cuidado, yo habría muerto. Como la mayoría de los niños, comencé a ejercer mi autonomía más o menos a los dos años (¿no ha escuchado a esos niñitos que dicen: «Yo lo hago», «Quiero hacerlo yo»?) Así mis padres, como todo padre bueno, pusieron límites. No es educación sana o segura dejar que hagan las cosas a su antojo.

Ahora que somos hijos de Dios, la presencia del Espíritu Santo nos produce tristeza cuando tratamos de agradar la carne. Si no hubiera restricciones morales, ni límites que regulen nuestra conducta, todos nos deslizaríamos hacia la decadencia moral. Imagine que el controlador de tráfico aéreo le dice al piloto: «Puedes aterrizar en el momento y lugar que gustes». ¡El piloto se estrellaría y se quemaría la nave!

Pablo escribe: «Les hablo así, hermanos, porque ustedes han sido llamados a ser libres; pero no se valgan de esa libertad para dar rienda suelta a sus pasiones. Más bien sírvanse unos a otros con amor» (Gálatas 5:13). Dios quiere que seamos libres, pero la libertad no es libertinaje. Somos libres por la gracia de Dios para vivir responsablemente.

En la primera mitad del siglo veinte, el fundamentalismo rígido dejó muchas iglesias congeladas en el legalismo. En la década de los 60, el legalismo comenzó a descongelarse a través del movimiento de Jesús. El péndulo se movió del énfasis en la justicia de Dios a la misericordia de Dios, y muchos, en la cultura estadounidense, pasaron del legalismo al libertinaje. Algunos razonaban: «Puesto que estoy bajo la gracia de Dios, puedo hacer lo que quiera, y no hay forma de que un Dios de amor me mande al infierno». ¿Por qué no practicar la libertad sexual y el consumo de drogas? Porque el ejercicio del libertinaje siempre tiene su precio. Es asombroso el número de personas que se han arruinado o muerto por enfermedades sexuales y uso de drogas.

Muchas personas confunden el libertinaje con la libertad. La verdadera libertad no encierra solo la toma de decisiones, sino también las consecuencias de las decisiones. Usted puede pensar que tiene la libertad de mentir, pero se hará esclavo de esa mentira. Tendrá que recordar la naturaleza de la mentira y a quién se la dijo. Usted puede decidir asaltar un banco, pero siempre estará mirando hacia todos lados, por temor de ser aprehendido. El libertinaje lleva a la esclavitud.

Si decidimos andar según la carne, tendremos que vivir con las consecuencias negativas que surgen de nuestras decisiones. La gracia que se manifiesta en Jesús nos capacita para vivir con las consecuencias de andar en el Espíritu, el cual ya sufrió por las consecuencias de nuestros pecados.

## Andar en el Espíritu no es legalismo

La segunda verdad que aprendemos del pasaje de Gálatas es que andar en el Espíritu no es legalismo: «Pero si los guía el Espíritu, no están bajo la ley» (5:18). Sin embargo, si decidimos relacionarnos con Dios solo por la observancia de la Ley, necesitamos estar conscientes de tres verdades bíblicas.

### *La Ley trae maldición*

Primero, según Gálatas 3:10-14, la Ley funciona como maldición:

> Todos los que viven por las obras que demanda la ley están bajo maldición, porque está escrito: «Maldito el que no practica fielmente todo lo que está escrito en el libro de la ley.» Ahora bien, es evidente que por la ley nadie es justificado delante de Dios, porque «el justo por la fe vivirá». La ley no se basa en la fe; por el contrario, «el que practica estas cosas vivirá por ellas». Cristo nos rescató de la maldición de la ley al hacerse maldición por nosotros, pues está escrito: «Maldito todo el que es colgado de un madero.» Así sucedió, para que, por medio de Cristo Jesús, la bendición prometida a Abraham llegara a las naciones, y para que por la fe recibiéramos el Espíritu según la promesa.

Si queremos basar nuestra relación con Dios en lo bien que guardamos la Ley, deberíamos tener en cuenta Santiago 2:10: «Porque el que cumple con toda la ley pero falla en un solo punto ya es culpable de haberla quebrantado toda». Gracias a Dios, nuestra relación con Él se basa en nuestra identidad y posición en

Cristo, no en nuestra capacidad para guardar la Ley. No somos salvos por lo que hacemos; somos salvos y santificados por lo que hemos decidido creer: «Así que la ley vino a ser nuestro guía encargado de conducirnos a Cristo, para que fuéramos justificados por la fe» (Gálatas 3:24). Las bendiciones de Abraham han llegado a los gentiles, y todo creyente nacido de nuevo está vivo en Jesucristo.

Ya no estamos bajo la Ley del antiguo pacto. Estamos bajo el nuevo pacto de gracia. El cristianismo no consiste en tratar de vivir lo mejor posible conforme a la Ley. El cristianismo consiste en vivir por la fe, según la verdad de Dios, en el poder del Espíritu Santo. «Cristo nos redimió ... para que en Cristo Jesús la bendición de Abraham alcanzase a los gentiles, a fin de que por la fe recibiésemos la promesa del Espíritu» (Gálatas 3:13-14).

Muchos cristianos actúan en la neblina del legalismo. Es como si nunca hubieran oído las buenas nuevas del evangelio. Participar en una iglesia legalista no es bueno. A esas iglesias las motiva la culpa, aun cuando no hay condenación para los que están en Cristo Jesús (Romanos 8:1). Los pastores legalistas infunden miedo en el corazón de los creyentes, pero «Dios no nos ha dado espíritu de cobardía, sino de poder, de amor y de dominio propio» (2 Timoteo 1:7). Como pastor, también deseo que los hijos de Dios lleven vidas justas, pero no pueden hacer esto bajo la Ley. Bajo el nuevo pacto de gracia, realmente vivimos a la altura de las normas divinas de la ley moral por la fe en el poder del Espíritu Santo.

## *La Ley no puede dar vida*

La segunda limitación de la Ley es que es impotente para dar vida. Al decirle a la gente que lo que hacen es malo no les da el poder de detenerse. «Si esto es así, ¿estará la Ley en contra de las promesas de Dios? ¡De ninguna manera! Si se hubiera promulgado una ley capaz de dar vida, entonces sí que la justicia se basaría en la ley» (Gálatas 3:21).

Estábamos muertos en nuestros delitos y pecados, pero ahora vivimos en Cristo; somos siervos de un nuevo pacto no de la letra sino del Espíritu; porque la letra mata, pero el Espíritu vivifica

(2 Corintios 3:6). Esta vida establece nuestra verdadera identidad como hijos de Dios. Jesús dijo: «Yo he venido para que tengan vida, y la tengan en abundancia» (Juan 10:10).

Los escritores del Nuevo Testamento tratan de enseñarnos que somos hijos de Dios (Juan 1:12), y que el Espíritu Santo da testimonio a nuestro espíritu de que somos hijos de Dios (Romanos 8:16). El conocimiento de lo que somos en Cristo afecta nuestra forma de vida: «¡Fíjense qué gran amor nos ha dado el Padre, que se nos llame hijos de Dios! ¡Y lo somos! ... ahora somos hijos de Dios ... Todo el que tiene esta esperanza en Cristo, se purifica a sí mismo, así como él es puro» (1 Juan 3:1-3).

No podemos conducirnos siempre de un modo incoherente con lo que creemos acerca de nosotros mismos. Pero no somos solo pecadores perdonados. Somos nuevas criaturas en Cristo (2 Corintios 5:17). Somos «llamados a ser su santo pueblo, junto con todos los que en todas partes invocan el nombre de nuestro Señor Jesucristo, Señor de ellos y de nosotros» (1 Corintios 1:2). Dios nos ha cambiado, pero vivir en armonía con esto es nuestra responsabilidad.

### *La Ley estimula los deseos pecaminosos*

La Ley tiene una tercera limitación. En realidad tiene la capacidad de estimular el deseo de hacer lo que intentaba prohibir. Según Pablo, la Ley estimula nuestras pasiones pecaminosas. «Mientras estábamos en la carne las pasiones pecaminosas que eran por la Ley obraban en nuestros miembros llevando fruto para muerte». Entonces, ¿la Ley es pecado? No, según las palabras de Pablo en Romanos 7:7-8:

> ¿Qué concluiremos? ¿Que la ley es pecado? ¡De ninguna manera! Sin embargo, si no fuera por la Ley, no me habría dado cuenta de lo que es el pecado. Por ejemplo, nunca habría sabido yo lo que es codiciar si la ley no hubiera dicho: «No codicies». Pero el pecado, aprovechando la oportunidad que le proporcionó el mandamiento, despertó en mí

toda clase de codicia. Porque aparte de la ley el pecado está muerto.

Si usted no cree que la Ley tiene esa capacidad, pruebe diciendo a sus niños que pueden ir a un lugar, pero no a otro. En cuanto usted lo dice, ¿dónde quieren ir? El fruto prohibido parece ser el más deseable. En mi juventud tuve amigos católicos romanos. La parroquia publicó una lista de películas prohibidas... que pronto se convirtió en la lista de películas que había que ver. ¡Esas eran las «buenas»! Mis amigos arrancaban la lista del muro de la iglesia y la daban a conocer a cuantos amigos tenían.

No sugiero que no necesitemos o no debamos tener una norma moral. Claro que necesitamos una norma moral, porque sin ella no llegaríamos a Cristo. Pero ahora que estamos en Cristo, la Ley ya no es el medio por el cual llevamos una vida justa.

## Caminemos equilibradamente

El Espíritu Santo nos capacitará para andar entre los dos extremos del legalismo y el libertinaje. La vida cristiana es como un viaje cuesta arriba hacia la montaña. El Espíritu Santo provee refugio para los que andan en el camino estrecho. A la derecha del camino hay un acantilado. Es demasiado escarpado para escalarlo y el precipicio demasiado profundo para saltarlo. Sin embargo, es una decisión tentadora. Usted podría saltar del acantilado y disfrutar de un «vuelo» emocionante. Pero la decisión tiene graves consecuencias: ¡como la brusca parada al final del vuelo! Ceder a los deseos de la carne, hacer lo que nos da la gana, y exigir nuestro «derecho» de libertad de elección sin considerar las consecuencias es libertinaje. Es un paso mortal en una dirección errada.

A la izquierda de ese camino hay un fuego rugiente. El «acusador de los hermanos» está disfrutando de los que prefirieron desviarse del camino estrecho, y retornar a la Ley. Muchos cristianos se han quemado en el legalismo. Algunos se hacen perfeccionistas, y tratan desesperadamente de vivir según la Ley. Otros se sienten tan condenados por sus fracasos que permanecen alejados de las iglesias y de los amigos que, según creen, podrían echar otra carga de culpas sobre ellos. Pablo nos advierte: «Por lo tanto, manténganse firmes y no se sometan nuevamente al yugo de esclavitud» (Gálatas 5:1).

El diablo es un tentador. Quiere que saltemos del acantilado. «Ve y hazlo; todo el mundo lo hace. Lo lograrás. ¿Quién sabe? Tú sabes que quieres hacerlo». En cuanto usted ceda a la tentación, su rol cambia de tentador a acusador. «Estás mal. Y te llamas cristiano. Nunca lograrás nada. No es posible que Dios ame a un miserable fracasado como tú».

Entonces, si andar en el Espíritu no es libertinaje, y no es legalismo, ¿qué es? Es libertad: «Ahora bien, el Señor es el Espíritu; y donde está el Espíritu del Señor, allí hay libertad» (2 Corintios 3:17). Consideremos enseguida como podemos experimentar este andar liberado con Dios.

## Al caminar con Dios

Hay dos límites que hemos de considerar antes de decir que entendemos lo que es andar libremente en Cristo. Primero, andar en el Espíritu no es sentarse pasivamente y esperar que Dios lo haga todo. Segundo, andar en el Espíritu no es correr de aquí para allá en una interminable y agotadora actividad, como si todo dependiera de nuestros esfuerzos. ¿Cuánto lograríamos para el reino de Dios si esperamos que Dios lo haga todo? ¡Nada! El propósito eterno de Dios es dar a conocer su sabiduría por medio de la Iglesia (Efesios 3:8-11) ¿Cuánto lograremos para el reino de Dios si tratamos de hacerlo todo por nosotros mismos? Jesús dijo: «Separados de mí no pueden ustedes hacer nada» (Juan 15:5). Si nadie riega y nadie planta, nada se produce. Nosotros tenemos el privilegio de regar y plantar, pero Dios da el crecimiento.

Había un pastor cuyo pasatiempo favorito era la jardinería. Un vecino que pasaba se acercó y le dijo: «De veras que el Señor le ha dado un hermoso jardín». El pastor le dijo: «El jardín pertenece al Señor, y yo tengo el privilegio de cuidarlo. Hubiera visto usted cómo estaba esa tierra cuando el Señor la tenía a su cargo».

## *El yugo de Jesús*

En respuesta al legalismo farisaico, Jesús dijo: «Vengan a mí todos ustedes que están cansados y agobiados, y yo les daré descanso. Carguen con mi yugo y aprendan de mí, pues yo soy apacible y humilde de corazón, y encontrarán descanso para su alma. Porque mi yugo es suave y mi carga es liviana» (Mateo 11:28-30, NVI). Jesús era un carpintero en su juventud; pero los carpinteros no hacían casas como en la actualidad. Fabricaban yugos y puertas, y ambas cosas Jesús las usó como metáforas acerca de sí mismo.

El yugo une a dos bueyes. Cuando el buey nuevo comenzaba a trabajar se enyugaba con un buey guía. Ya con preparación y experiencia, el buey guía sabía cuál era la mejor forma de lograr la tarea. Si iba con paso firme y moderado no se agotaría antes del mediodía. También había aprendido a no mirar a diestra ni a siniestra. Además, debía tirar junto con el otro cuando estaba enyugado, ya que era la única forma de cumplir la tarea.

El buey más joven se impacienta con el paso pausado y quiere adelantarse. ¿Saben lo que consigue? ¡Dolor en el cuello! Otros bueyes jóvenes no tienen ganas de trabajar y solo quieren sentarse. ¿Saben lo que consiguen? ¡Dolor en el cuello! El buey guía va a caminar derecho no importa lo que el buey joven haga, porque escucha a su amo. Sea que nos sentemos o abandonemos, nuestra vida sigue su marcha. Cuando estamos enyugados con Jesús, nuestro guía, Él mantendrá el paso firme en el centro mismo del camino estrecho.

Cuando mis hijos estaban pequeños, teníamos una perra que para nosotros era perfecta. Cuando murió la pequeña Missy, fue traumático para toda la familia. Fui de prisa a una tienda de mascotas el mismo día y compré un perro de reemplazo. Esto fue como un matrimonio desastroso en las segundas nupcias. Buster creció y se convirtió en un PERRAZO. Era lo más neurótico que he conocido. Mi hijo contrató a un entrenador para que le diera clases de obediencia por doce lecciones. Pero a las dos semanas ya había renunciado. Un día decidí dar a Buster una lección sobre cómo caminar con el amo. Le puse un collar con cadena y salimos a caminar. En esta relación yo era el amo, y yo sabía hacia dónde quería caminar. ¡Dije caminar, no correr! El perro desobediente casi se estranguló tratando de correr. Cuando Buster se detenía a oler una flor u otra cosa, yo seguía caminando decidido a enseñarle al perro a ir junto a su amo. De pronto se salía del camino y enredaba la cadena alrededor de un árbol. Mientras seguía caminando, el resultado fue como una carrera desenfrenada en un parque de diversiones. Usted se preguntará: «Ese perro, ¿nunca aprendió a caminar obedientemente junto a su amo?» No, nunca. He conocido algunos cristianos que tampoco lo han logrado.

Jesús dijo: «Venid a mí. Yo soy vuestro guía. ¿Estáis cargados y trabajados? Yo os haré descansar. Llevad mi yugo». La carne responde: Eso es todo lo que necesito, ¡otro yugo! Pero cuando usted se pone el yugo de Cristo, debe desechar los yugos del legalismo y del libertinaje. Jesús puede ser nuestra muleta, pero Él es todo lo que necesitamos. «Aprended de mí», dice Jesús. ¿Qué aprenderemos al caminar con Jesús? Aprenderemos a tomar un solo día a la vez. Aprenderemos la prioridad de la relación. Aprenderemos que nuestro andar es por la fe, no por vista, y por gracia, sin legalismo.

Jesús dijo: «Mi yugo es suave y mi carga es liviana». Si nos hallamos jadeando para abrirnos camino en la vida, es posible que no estemos andando con Dios. Quizá estemos corriendo según la carne. Podemos mirar retrospectivamente a lo largo de los años y decir: «Hicimos esto, e hicimos aquello. Fuimos acá y acullá». Pero, ¿cuánto fruto ha quedado? No medimos la espiritualidad por nuestra actividad, sino por el fruto de justicia y de reproducción.

El pasaje de Mateo es el único en la Biblia en que Jesús hace una descripción de sí mismo. Dijo: «Soy apacible y humilde de corazón». Hemos sido invitados a caminar con el apacible Jesús. ¡Imagínese! «Por tanto, de la manera que habéis recibido al Señor Jesucristo, andad en él» (Colosenses 2:6).

## Sigamos a nuestro Guía

El Espíritu Santo también nos guía. La dirección del Espíritu también se define por dos límites. Primero, el Espíritu Santo no nos empuja. Motivados por la culpa, muchos cristianos no saben decir «no». Gastan mucha energía, pero dan poco fruto. El éxito en el ministerio lo miden por el número de actividades y la espiritualidad por el desgaste de energía. Hay una importante diferencia entre ser llamado al ministerio y ser obligado a actuar. Esto produce el agotamiento.

Segundo, el Espíritu Santo no nos atrajo con engaño. Si se le presiona para tomar una decisión apresurada, solo diga «no», porque Dios no utiliza ese estilo al guiar. El diablo sí. Exige una respuesta en el momento y retira la oferta si uno pide tiempo para reflexionar. La dirección de Dios puede venir repentinamente, pero nunca viene a los que no están preparados espiritualmente. El Pentecostés fue repentino, pero los discípulos habían pasado días en oración preparándose.

Muchos creyentes se dejan seducir por diversos impulsos. La seducción del conocimiento y el poder es la trampa más común. Este tipo de cristianos parece no entender que ya tiene todo el poder que necesita en Cristo (Efesios 1:18-19). Todo lo que necesitamos es la verdad, y si aprendemos a orar por el Espíritu, nos guiará a toda verdad.

Algunos creyentes se ven fácilmente seducidos porque no han ejercido la disciplina espiritual. No estudian ni oran. Quieren que un controlador de tráfico aéreo les explique el manual de instrucciones mientras están en el aire. ¿Para qué estudiar si puede dirigirlo su «espíritu guía», o algún otro «maestro espiritual» que estudiará por usted? Hay una advertencia para tal pereza espiritual en 2 Timoteo 3:1-7:

> Ahora bien, ten en cuenta que en los últimos días vendrán tiempos difíciles. La gente estará llena de egoísmo y avaricia; serán jactanciosos, arrogantes, blasfemos, desobedientes a los padres, ingratos, impíos, insensibles, implacables,

calumniadores, libertinos, despiadados, enemigos de todo lo bueno, traicioneros, impetuosos, vanidosos y más amigos del placer que de Dios. Aparentarán ser piadosos, pero su conducta desmentirá el poder de la piedad. ¡Con esa gente ni te metas! Así son los que van de casa en casa cautivando a mujeres débiles cargadas de pecados, que se dejan llevar de toda clase de pasiones. Ellas siempre están aprendiendo, pero nunca logran conocer la verdad.

Como crecí en una granja, tuve el privilegio de criar ovejas para concursar por el premio al mejor ejemplar. Les puedo decir por experiencia que estos animales no son los animales más inteligentes de la granja. En la escala están a la altura de los pollos. Por ejemplo, usted puede dejar que los vacunos coman solos, como los cerdos, pero no puede hacer esto con las ovejas. Si las deja libres en un prado verde, sin un pastor, literalmente comerán hasta morir. Creo que por eso es que el Pastor «en verdes pastos me hace descansar» (Salmo 23:2).

En el mundo occidental, las ovejas se arrean y el pastor va detrás. Los australianos usan perros pastores, lo que es igual. Sin embargo no es así en Israel. En mis viajes a Tierra Santa, he observado que los pastores se sientan pacientemente mientras el rebaño pace. Cuando han pastado lo suficiente, el pastor les dirá algo y se irán de allí. Las ovejas miran y lo siguen. ¡Qué hermosa ilustración de lo que el Señor dice en Juan 10:27: «Mis ovejas oyen mi voz, yo las conozco y ellas me siguen»!

Caminar en el Espíritu no es legalismo ni libertinaje. No es sentarse pasivamente a esperar que Dios haga algo, ni es correr locamente en actividades sin fin, tratando de lograr algo por medio de nuestras fuerzas y recursos. Si andamos por el Espíritu, nadie nos desvía del camino de la fe ni nos seduce para que lo abandonemos, «porque todos los que son guiados por el Espíritu de Dios son hijos de Dios» (Romanos 8:14). ¿Por qué alguien va a desear un «espíritu guía» si puede tener el Espíritu Santo como guía?

## PREGUNTAS PARA MEDITAR Y DEBATIR

1. ¿Cuáles eran los dos elementos clave que aseguraban un aterrizaje seguro al joven piloto de la ilustración inicial?
   a. Conocimiento de _____
   b. Fe en _____

2. ¿Cómo descubría la iglesia primitiva la mente de Cristo?

3. ¿Por qué la simple predicación de la moralidad no ha cambiado nuestra sociedad?

4. ¿Qué excesos se notan entre los que consideran la libertad una licencia para hacer lo que quieran?

5. ¿Qué es lo que logra el legalismo, y por qué la Ley es ineficaz?

6. El establecimiento de la Ley en su iglesia, hogar, o sociedad, ¿les ha estimulado a hacer lo que pretende prohibir?

7. ¿Qué costado del camino representa su mayor debilidad: el legalismo o el libertinaje? ¿Cómo podría mantenerse en el centro del camino?

8. ¿Qué podría aprender si caminase con Jesús?

9. ¿Cómo se describe Jesús a sí mismo?

10. ¿Cómo viene o no viene la dirección del Espíritu, y quién puede esperar su dirección?

11. ¿Qué pasos puede dar para ser más sensible a la dirección del Espíritu Santo en su vida?

## CAPÍTULO SEIS

# Cuando el cielo guarda silencio

*Si pudiera oír que Cristo ora por mí en el cuarto contiguo, no temería a millones de enemigos. Pero la distancia no produce diferencia alguna. Él está orando por mí.*
ROBERT MURRAY M'CHEYNE

RECIBIR DIRECCIÓN DEL ESPÍRITU SANTO y vivir por su poder constituyen una experiencia liberadora para cada hijo de Dios. Las características de una persona libre son el sentido de su presencia, la vida victoriosa y el conocimiento de la verdad. Pero, ¿que pasaría si usted no puede sentir su presencia? ¿Qué si usted no ha sabido nada de Dios y pareciera que sus oraciones no las contesta? ¿Y si por alguna razón Dios suspende las bendiciones de las que está consciente? ¿Qué haría usted si estuviera andando fielmente en la luz y repentinamente se encontrara atrapado en las tinieblas?

Job disfrutaba de los beneficios de una vida justa cuando, inesperadamente, se lo quitaron todo. Salud, riquezas y familia, todo se acabó. Si estuviéramos en los zapatos de Job, nuestra mente probablemente giraría alrededor de varias preguntas:

«¿Qué hice para merecer esto?»
«¿Perdí una curva en el camino?»
«¿Esto es lo que logré por vivir con justicia?»
«¿Dónde está Dios?»

«Dios, ¿por qué me haces esto?»

Como Job, podríamos también sentir el deseo de maldecir el día de nuestro nacimiento.

Mi familia y yo hemos tenido dos períodos oscuros en nuestra vida; ambos precedieron a cambios significativos en mi ministerio. Hubo días cuando no estuve seguro que superásemos la situación. El cielo estuvo en silencio durante semanas y meses. No estoy seguro de que hubiéramos sobrevivido aquellas pruebas si no fuera por el mensaje de Isaías 50:10-11:

> ¿Quién entre ustedes teme al SEÑOR y obedece la voz de su siervo? Aunque camine en la oscuridad, y sin un rayo de luz, que confíe en el nombre del SEÑOR y dependa de su Dios. Pero ustedes que encienden fuegos y preparan antorchas encendidas, caminen a la luz de su propio fuego y de las antorchas que han encendido. Esto es lo que ustedes recibirán de mi mano: en medio de tormentos quedarán tendidos.

«¿Quién hay entre vosotros que teme al Señor?» Isaías habla de un creyente, alguien que obedece a Dios y, sin embargo, anda en tinieblas. Isaías no habla de las tinieblas del pecado, ni siquiera de las tinieblas de este mundo (esto es, el reino de las tinieblas). Habla de las tinieblas de la incertidumbre, una pesada nube negra que se cierne sobre todo nuestro ser. Las seguridades del mañana reemplazaron las inseguridades del ayer. Dios ha suspendido sus bendiciones de las que está consciente. Hasta asistir a la iglesia puede parecer una experiencia lúgubre. Los amigos parecen ser más una molestia que una bendición. ¿Le puede ocurrir esto a un verdadero creyente? ¿Qué está tratando de lograr Dios con su «ministerio de tinieblas»? ¿Qué debe hacer una persona en temporadas como estas?

## Siga andando a la luz de revelaciones anteriores

Primero, el texto bíblico nos dice que debemos seguir caminando. Cuando estábamos en la luz podíamos ver el paso siguiente; estaba claro el paso que había que dar. Distinguíamos a un amigo de un enemigo, y podíamos ver dónde estaban los obstáculos. La Palabra era lámpara a nuestros pies y dirigía nuestros pasos, pero comenzamos a preguntarnos si eso es verdad. Las tinieblas nos han vencido. Nos avergüenza la desorientación que sentimos. Todo instinto natural dice: «Abandona, siéntate, detente». Pero la Biblia nos anima a seguir viviendo por la fe, según lo que sabemos es verdad.

## *Nuestra primera prueba*

El primer encuentro de nuestra familia con dicho período de tinieblas se produjo después que Joanne, mi esposa, descubrió que ambos ojos estaban afectados por cataratas que estaban en desarrollo. A finales de la década de 1970 no se hacían implantes de cristalinos a nadie que fuera menor de los sesenta años. Nuestra única alternativa era esperar que cada uno de sus ojos se nublara hasta que apenas pudiera ver. Le recetaron gruesos lentes para cataratas hasta que Joanne estuviera en condiciones de usar lentes de contacto. Su traumática experiencia duró dos años.

La vida como esposa de un pastor tiene bastantes presiones, pero esta dificultad adicional era una carga demasiado pesada. Por amor a Joanne, comencé a considerar la posibilidad de otra forma de servir al Señor fuera de ser pastor principal de la iglesia. En ese tiempo sentí que Dios me guiaba a buscar mi primer doctorado, aun cuando yo no tenía idea de lo que me tenía preparado. La seguridad de haberla puesto por delante de mi deseo de ser pastor de una iglesia dio a Joanne una sensación de esperanza. Sin embargo, dado que nuestra iglesia estaba en medio de un programa de construcción, necesitaba continuar hasta que el proyecto estuviera completo. Pero pocos meses después de dedicar nuestros nuevos edificios, Dios me dio libertad para dejar el pastorado.

Yo me acercaba a la conclusión de mis estudios doctorales y tenía delante la importante tarea de investigar y escribir mi tesis. Además, quería terminar un segundo grado en el seminario. Al sentir la libertad que me dio el Señor, comencé uno de los años educativos más difíciles de mi vida. En un año completé cuarenta y tres unidades semestrales, diecisiete de las cuales eran estudios de griego y hebreo. En medio de ese año rendí mis exámenes finales, y hacia el término del año, acabé la investigación y escribí mi tesis doctoral. Además, enseñaba a tiempo parcial en la Escuela de Teología Talbot. Por decir lo menos, fue un año muy difícil. Si se toma un año de educación con muy pocos ingresos, uno trata de lograr lo más que sea posible.

Habíamos iniciado el año con la seguridad de recibir $20.000 que nos prestarían libre de intereses. Nuestro plan era pagar el préstamo cuando vendiéramos nuestra casa en el futuro. El hecho de no tener que vender la casa inmediatamente nos permitió mantener nuestros niños en la misma escuela ese año. Confiaba en que Dios tendría un lugar para nosotros cuando completara mi educación. Así que con la primera mitad de los $20.000 en la mano me lancé al cumplimiento de lo que me había propuesto: sacar mi doctorado y un segundo grado de maestría. Durante los seis meses siguientes la vida se desarrolló como la habíamos planeado. Entonces Dios apagó las luces.

Estaba claro que la segunda mitad de los prometidos 20.000 dólares no iban a llegar. Puesto que no teníamos otra fuente de ingresos, nuestra alacena quedó vacía. Estaba sin trabajo, y mis metas educativas estaban a medio camino. Siempre me había considerado una persona fiel, pero ahora estaba al borde de no poder cubrir las necesidades básicas de mi familia. Seis meses atrás estaba muy seguro del llamamiento de Dios, pero las tinieblas de la incertidumbre nos rodearon.

### *Entran las dudas*

Todo culminó dos semanas antes de terminar mis exámenes globales, que rendí en dos sábados consecutivos. Solo el 10% de los candidatos habían pasado las pruebas previas. Así que enfrentaba muchas presiones. Si no pasaba los exámenes, no podría iniciar la investigación ni mi tesis doctoral. Ya había invertido tres años de mi vida y $15.000 en el programa. No sabíamos de dónde saldría nuestra próxima comida. Nuestra casa estaba totalmente pagada, pero en esa temporada las tasas de interés eran tan elevadas que las casas no se vendían. La tentación de crear mi propia luz era casi abrumadora. Consideré la posibilidad de dos llamados al ministerio que recibí, pero sabía que no eran para mí, y no los podía aceptar. El problema no era orgullo ni indisposición al trabajo; hasta hubiera vendido «perros calientes» para proveer lo necesario a mi familia. Solo quería la dirección de Dios, y Él no me la daba.

Comencé a preguntarme si había tomado una decisión equivocada. La dirección de Dios había sido tan clara el verano pasado. ¿Por qué ahora estas tinieblas? Era como si el Señor me hubiera echado en un embudo, que se hacía cada vez más oscuro y estrecho. Cuando pensaba que no podía oscurecerse ya más, caí en la parte estrecha del embudo. Entonces, en la hora más oscura Dios nos lanzó por el fondo del embudo y todo se aclaró nuevamente. Por experiencia puedo decir que siempre la hora más oscura es la que precede al amanecer.

*El Señor habla*

Temprano en la mañana de un jueves, en medio de mi sueño, se produjo la aurora. Nada cambió circunstancialmente, pero todo cambió interiormente. Recuerdo que desperté con sensación de gozo. Mi esposa también despertó, sobresaltada, y se preguntaba qué estaba pasando; pero ella también podía sentir que algo estaba ocurriendo. Yo percibía la presencia de Dios en una forma notable. No hubo voces audibles ni visiones, pero oía claramente al cielo. Dios, en su manera silenciosa y suave, renovaba mi mente. La esencia de mi pensamiento era así, más o menos: «Neil, ¿andas por fe o por vista? Ahora, ¿andas por fe? Creíste en mí el verano pasado, ¿crees en mí ahora? Neil, ¿me amas a mí o mis bendiciones? ¿Me adoras por lo que soy o me adoras por las bendiciones que te doy? ¿Y si yo suspendiera mi presencia en tu vida, todavía confiarías en mí?»

Esa mañana aprendí algo de una manera que nunca antes había experimentado. En mi espíritu respondí: «Señor, tú sabes que te amo, y claro que camino por fe, no por vista. Señor, te adoro por lo que eres, y sé que nunca me dejarás ni me abandonarás. Señor, confieso que he dudado de tu lugar en mi vida y he cuestionado tu capacidad para cubrir todas nuestras necesidades».

Aquellos preciosos momentos no se pueden planificar ni predecir. Son irrepetibles. En ocasiones así, lo que hemos aprendido anteriormente de la Biblia queda profundamente grabado en nuestro corazón. Nuestra adoración se purifica, y se clarifica nuestro amor. La fe, que en un principio es solo un libro de texto, se convierte en una realidad viva. La confianza se profundiza cuando Dios nos pone en una posición en que no tenemos otra opción que confiar en Él. Aprendemos a confiar en Él en esos tiempos o... terminamos comprometiendo nuestra fe y alejándonos de Dios. La Biblia nos da las únicas reglas infalibles de fe y el único conocimiento del objeto de nuestra fe, pero aprendemos a *vivir* la fe en el transcurso de nuestra vida. Esto es especialmente válido cuando las circunstancias no obran en nuestro favor. El Señor tiene un modo muy suyo de hacernos pasar por un agujero muy apretado, y en el momento antes de que nos fragmentemos, repentinamente salimos al otro lado. Pero nunca volveremos a ser los mismos de antes.

### *El cambio exterior sigue al cambio interior*

Más tarde ese mismo día, todo cambió. El decano de la Escuela de Teología Talbot llamó para preguntarme si había tomado otro trabajo. Me dijo que no aceptara ninguna cosa sin hablar antes con él. Esa tarde me ofreció el cargo que desempeñé durante diez años. El viernes por la tarde, hacia las diez de la noche, pasó a verme un hombre que había estado en mi ministerio anterior. Cuando le pregunté que hacía en nuestra casa a esa hora de la noche, dijo que no estaba seguro. Le invité a entrar con la promesa de que pensaríamos en algo. Medio en broma le pregunté si nos querría comprar la casa, y él respondió: «Es posible». El martes siguiente. Él y sus padres me hicieron una oferta que acepté. Ahora que sabíamos hacia dónde íbamos podíamos vender la casa.

Esa mañana nada había cambiado exteriormente, pero interiormente todo había cambiado. Dios cambia en un momento lo que las circunstancias no pueden jamás cambiar. Lo que mi esposa y yo habíamos convenido con anterioridad nos ayudó durante este tiempo y en otras ocasiones: «Jamás tomaremos una decisión importante cuando nos sintamos deprimidos». Solo eso me ha impedido renunciar a mi cargo después de una difícil reunión de comité o de recibir mensajes que llegan como una bomba. La médula de esto es: nunca dudes cuando estás en tinieblas de lo que Dios te ha mostrado claramente en la luz. Tenemos que seguir caminando a la luz de la revelación previa. Si esto fue así hace seis meses, todavía será así. Si tomamos en serio nuestro andar con Dios, Él nos probará para determinar si le amamos a Él o a sus bendiciones. Él puede nublar nuestro futuro para que aprendamos a caminar por fe y no por vista ni por sentimientos.

Entendamos que Dios no nos ha abandonado; solo nos ha suspendido la conciencia de su presencia para que nuestra fe nunca se apoye en nuestros sentimientos ni se establezca por experiencias únicas, ni sea avalada por bendiciones. Si nuestros padres terrenales hubieran estado en dificultades al punto de no poder darnos ningún regalo de Navidad, ¿dejaríamos de amarlos? ¿Dejaríamos de acudir a ellos en demanda de dirección y apoyo? Si el ministerio de «tinieblas» le envolviera a usted, siga caminando a la luz de las revelaciones anteriores.

## No sea creador de su propia luz

«No enciendas tu propio fuego» es la segunda lección que debemos aprender de Isaías. En otras palabras, no seamos creadores de nuestra propia luz. Nuestra tendencia natural cuando no vemos el camino de Dios es crear nuestro propio camino. Lea el texto nuevamente: «Pero ustedes que encienden fuegos y preparan antorchas encendidas, caminen a la luz de su propio fuego y de las antorchas que han encendido». Dios no está hablando del fuego del juicio sino del fuego que crea luz. Observe lo que ocurre cuado el pueblo crea su propia luz: «encienden fuegos y preparan antorchas encendidas … Esto es lo que ustedes recibirán de mi mano: en medio de tormentos quedarán tendidos». En esencia

Dios les dice: «Seguid; hacedlo a vuestra manera. Yo lo permitiré, pero os seguirá la miseria».

Permítanme ilustrar este principio con la Biblia. Dios pidió a Abraham que saliera de Ur para ir hacia la tierra prometida. En Génesis 12, Dios hizo un pacto en el que promete a Abraham que su descendencia sería más numerosa que la arena del mar y que las estrellas del cielo. Abraham vivió a la luz de esa promesa; un día Dios apagó la luz. Muchos meses y años pasaron en que su esposa Sara no podía engendrar por medios naturales. La dirección de Dios había sido muy clara antes, pero parecía que Abraham tendría que ayudar a Dios en el cumplimiento de su promesa. ¿Quién podía culpar a Abraham por crear su propia luz? Sara lo ayudó ofreciéndole a su esclava. De esa unión surgió otra nación. Esto ha creado tantos conflictos que todo el mundo ha sufrido, dado que los judíos y los árabes no han podido habitar pacíficamente juntos hasta hoy.

Dios vigiló el nacimiento de Moisés e hizo provisión para su preservación. Criado en la familia de Faraón, recibió la segunda posición en importancia en Egipto. Pero Dios le había puesto en el corazón la carga de liberar a su pueblo. En el intento de ayudar a Dios a liberar a su pueblo, Moisés impulsivamente sacó la espada, y Dios apagó la luz. Abandonado al otro lado del desierto, Moisés pasó 40 años cuidando las ovejas de su suegro. Un día, Moisés se apartó del camino para ver un arbusto que ardía pero no se consumía, y Dios encendió la luz nuevamente.

No sugiero que debemos esperar 40 años para que se levante la niebla. En nuestras expectativas actuales de vida eso sería más tiempo que lo que la fe de una persona promedio podría soportar. Pero la oscuridad puede durar semanas, meses y en algunos casos excepcionales, años. Dios es quien tiene el control y sabe exactamente por qué agujero apretado nos puede hacer pasar. Isaías escribe: « Yo formo la luz y creo las tinieblas, traigo bienestar y creo calamidad; Yo, el SEÑOR, hago todas estas cosas» (Isaías 45:7).

## Nuevamente tinieblas

Les hablaré de nuestro segundo período de oscuridad. Cinco años después de la operación de Joanne para extirpar el cristalino de los dos ojos, su doctor sugirió un implante de lentes. Era tanto el progreso científico que la cirugía de implantes se había convertido en un sencillo procedimiento ambulatorio. Al principio Joanne no quería, y el seguro no cubría el procedimiento, porque lo consideraban cosmético. Después reconsideraron el caso, y entonces el médico de Joanne y yo la convencimos de que era lo mejor que podía hacer.

Que le hagan un corte en el globo del ojo no es algo que se espera con ansias. El solo pensarlo hace correr escalofríos a lo largo de todo el cuerpo. Por eso, el estado emocional de Joanne antes de la cirugía era de angustia, lo que es comprensible. Pero aunque la operación fue exitosa, Joanne salió de la anestesia en un estado fóbico. Ya la habían anestesiado antes en una operación anterior, por lo que yo no entendía por qué ahora tenía tanto miedo. ¿Podía la anestesia haber causado su estado emocional? ¿O podría ser la naturaleza de su cuidado post operatorio un factor? El costo del cuidado médico ha obligado a muchos hospitales a hacer cirugía por el día a pacientes externos, y no dan mucho tiempo de reposo ni para su recuperación.

Las enfermeras tuvieron que pedir mi colaboración para ayudar a Joanne a salir de la anestesia. Había que dejar libre la cama que usaba Joanne porque ella era solo uno de los muchos pacientes que debían ocupar la pequeña sala de recuperación. Algunas personas necesitan más cuidado emocional que eso. Quizá si se le hubiera permitido recuperarse gradualmente de su experiencia y pasar una noche en el hospital, podría haber salido en mejor forma. Pero llevar a Joanne a casa se convirtió en un sufrimiento para nosotros dos. Simplemente no se estabilizaba emocionalmente.

Al día siguiente se hizo evidente la posibilidad de estar ante una batalla espiritual. Joanne pensaba que tenía un objeto extraño en el ojo que tenía que expulsar. Esto no tenía explicación racional para mí, puesto que la cirugía había sido exitosa. Tenía una visión de 20/30. En aquel tiempo no entendía la batalla por nuestras mentes como en la actualidad. Por ejemplo, he visto a mujeres jóvenes que luchan con los desórdenes alimenticios y tienen pensamientos similares. Pablo dice: «Así que descubro esta ley: que cuando quiero hacer el bien, me acompaña el mal» (Romanos 7:21). Estas jóvenes creen que el mal está presente en ellas y tienen que deshacerse de él. Vomitan, defecan o se hieren basadas en una mentira: que el mal está en su sangre, en su materia fecal o en el alimento. Como estos, el mal con que Joanne luchaba no era de carácter físico; era la mentira de Satanás que llegaba en un momento muy vulnerable.

Es doloroso recordar esto, porque mucho de lo que siguió podría haberse evitado (creo que todo cristiano debiera orar ante una cirugía, y los creyentes debieran orar por ello). La lucha de Joanne con la ansiedad la llevó al insomnio y luego a la depresión. Del oculista fue a su médico de cabecera, al ginecólogo y finalmente al psiquiatra. Como ninguno de ellos encontró nada físicamente mal en Joanne, supusieron que era un caso de la cabeza o de hormonas. Trataron con hormonas, antidepresivos y tabletas para dormir, pero nada parecía resultar bien. Perdió el apetito, y su peso cayó significativamente. Tuvimos que hospitalizarla cinco veces.

### *Esto también pasará*

El cuidado médico adecuado era excesivamente caro. Nuestro seguro se agotó, y tuvimos que vender la casa para pagar las cuentas médicas. Durante meses, Joanne no pudo cumplir sus funciones de madre ni de esposa. Mi hija no sabía si soportaría la muerte de su madre. Mi hijo se encerró en sí mismo. Me sentí atrapado en un conflicto de roles como nunca antes. ¿Era yo el pastor, el consejero, el que enseñaba... o debía suponer que simplemente era su esposo? Decidí que había solo un rol que podía cumplir en su vida, y eso era ser su esposo. Si alguien iba a mejorar a mi esposa debía ser alguien que no fuera yo. Mi papel era tomarla de la mano cada día y decirle: «Joanne, esto también pasará».

Pensé que esto iba a ser cuestión de semanas, pero se convirtió en 15 meses de sufrimientos. El embudo se estrechaba más y más.

Durante este tiempo las palabras de Isaías 21:11-12 tuvieron mucho sentido para mí:

Alguien me grita desde Seír: «Centinela, ¿cuánto queda de la noche? Centinela, ¿cuánto falta para que amanezca?» El centinela responde: «Ya viene la mañana, pero también la noche. Si quieren preguntar, pregunten; si quieren volver, vuelvan».

El ministerio de la esperanza debe basarse en la verdad de «la mañana viene». No importa qué oscura esté la noche... la mañana viene. Tras nuestras horas más oscuras en que ni siquiera estaba seguro de si Joanne viviría o moriría... la mañana llegó. Joanne había perdido toda esperanza médica, pero le recomendaron a un doctor de práctica privada. Inmediatamente le retiró toda la medicación y le prescribió un tratamiento mucho más equilibrado, que trataba su depresión, pero también su salud en general, incluida la nutrición.

Al mismo tiempo tuvimos un día de oración en la Universidad Biola, donde yo enseñaba. Nada tuve que ver con lo que se hizo allí aquel día; solo aparté un tiempo para orar en mis clases. Esa tarde los estudiantes iban a celebrar un culto de Santa Cena. Puesto que yo enseñaba a un nivel superior, normalmente no habría asistido, pero el trabajo me había retenido en el centro, de modo que decidí participar. Me senté en el suelo del gimnasio con los estudiantes y tomé la Cena del Señor. Estoy seguro que nadie en el cuerpo estudiantil sabía que este era uno de los días más solitarios y oscuros de mi vida. Estaba profundamente dedicado a hacer la voluntad de Dios, y caminaba lo mejor posible a la luz de la revelación anterior, pero me sentía increíblemente solitario y frustrado. Nada podía hacer para cambiar a Joanne ni sus circunstancias.

*La mañana viene*

Puedo decir honestamente que ni siquiera una vez cuestioné a Dios ni sentí amargura por mis circunstancias, y tengo que darle gracias por haberme sostenido. Por algún tiempo, el Señor había preparado mi corazón y me dirigía hacia un ministerio de vendar a los quebrantados y libertar a los cautivos. De algún modo sabía que la naturaleza de mi ministerio estaba relacionada con lo que a mi familia le sucedía, pero nada sabía al respecto. ¿Debía abandonar lo que estaba haciendo para ayudar a otros por salvar mi familia? Dios bendecía mi ministerio en una forma que no tenía precedentes, pero mi familia no recibía la bendición. Nos había despojado de cuanto teníamos. Todo lo que nos quedaba éramos unos a los otros y nuestra relación con Dios. Pero cuando Dios es lo único que nos queda, uno comienza a descubrir que Dios es lo único que necesita. Cuando ya se han agotado todos nuestros recursos, la mañana llega.

Si alguna vez Dios me ha hablado al corazón fue en ese culto de Santa Cena. No hubo voces ni visiones. Fue solo su forma silenciosa y suave de renovarme la mente, la misma forma en que renueva todas nuestras mentes. No vino a través del mensaje del que dirigió el culto, ni por los testimonios de los estudiantes, sino en el contexto de tomar la Cena del Señor. La esencia de mi pensamiento fue: «Neil, la libertad tiene un precio que hay que pagar. Costó la vida de mi Hijo. ¿Estás dispuesto a pagar el precio?» «Dios mío», respondí, «si esa es la razón, estoy dispuesto, pero si es algo estúpido que yo estoy haciendo, te ruego que me lo digas». Salí esa noche con la seguridad interior de que todo había pasado. Las circunstancias no habían cambiado, pero en mi corazón sabía que la mañana había llegado.

Una semana pasó y una mañana Joanne despertó y me dijo: «Neil, anoche dormí». Desde ese momento supo que iba en vías de recuperación. Nunca miró hacia atrás; siguió adelante hasta su plena y completa recuperación. Al mismo tiempo, nuestro ministerio dio un salto enorme. ¿Qué había en todo esto? ¿Por qué teníamos que pasar por tales tribulaciones?

## Quebrantamiento: La clave del ministerio

Hay diversas razones por las que Dios lleva a algunos de sus hijos a través de su ministerio en tinieblas. Primero, *aprendemos mucho acerca de nosotros mismos* durante esos tiempos. En mi caso, todo lo que me quedaba de la carne —como dar consejos simplistas tales como «¿Por qué no lee la Biblia?», «Trabaje arduamente» u «Ore más»— me fue misericordiosamente arrancado. La mayor parte de la gente que pasa por épocas de tinieblas quiere hacer lo correcto, pero muchos no pueden —o por lo menos creen que no pueden— y no saben la razón. En tales temporadas entendemos nuestras limitaciones y se profundizan nuestras raíces en las eternas corrientes de la vida, mientras cortamos las ataduras a respuestas temporales y consejos de utilería que no duran.

Segundo, durante el ministerio divino en tinieblas *aprendemos a ser compasivos*. Aprendemos a esperar pacientemente a las personas. Aprendemos a llorar con los que lloran, no a darles instrucciones. Aprendemos a responder a las necesidades emocionales de quienes han perdido las esperanzas. Podremos dar instrucciones cuando sea apropiado. Yo creía que antes era una persona que se preocupaba de los demás, pero eso no era nada respecto de lo que soy ahora debido a la forma en que en su gracia Dios me ministró.

Teníamos «amigos», como los que trataban de ayudar a Job, que nos aconsejaban en nuestro tiempo de tinieblas, y puedo decirles que eso hiere. Lo que Job necesitaba en su hora de tinieblas era un grupo de buenos amigos que solo se sentaran junto a él. Esto hicieron por una semana, y luego su paciencia se agotó. En nuestra situación, la significativa ayuda que recibimos fue de la iglesia, personas que estuvieron junto a nosotros y oraron. Como cristianos tenemos que preguntarnos qué ocurriría si Dios quitara toda bendición material y redujera nuestro activo nada más que a relaciones significativas. ¿Nos bastaría eso?

Tercero, *aprendemos a contentarnos*. La mayor parte del mundo se contenta con alimentación y vestiduras porque no tienen otra opción. Pablo dice: «Sé lo que es vivir en la pobreza, y lo que es vivir en la abundancia. He aprendido a vivir en todas y cada una de las circunstancias, tanto a quedar saciado como a pasar hambre, a tener de sobra como a sufrir escasez» (Filipenses 4:12). Esta importante lección hay que aprenderla.

Cuarto, *aprendemos a confiar en que Dios finalmente hace todas las cosas bien.* La suerte final de Job fue mucho mejor que al principio. Lo mismo nos ocurrió a nosotros. En el lapso de dos años Dios nos repuso todo lo perdido, y fue mucho mejor en términos de hogar, familia y ministerio.

Quinto, creo que Dios nos lleva al final de nuestros recursos para que *aprendamos a descubrir sus recursos.* Nosotros no oímos muchos sermones sobre el quebrantamiento en estos días. Es una gran omisión, y a ello se debe que no podamos cumplir la Gran Comisión. En los cuatro evangelios Jesús nos enseña a negarnos a nosotros mismos, a tomar nuestra cruz cada día y seguirle. Cuando llegó la hora en que debía ser glorificado, dijo: «Ciertamente les aseguro que si el grano de trigo no cae en tierra y muere, se queda solo. Pero si muere, produce mucho fruto» (Juan 12:24).

No conozco ninguna forma indolora de morir a la autonomía. La autosuficiencia es el obstáculo principal que hay que vencer si hemos de hallar nuestra suficiencia en Cristo. Yo sé que negarse a sí mismo es necesario y que es lo mejor que puede ocurrirnos. «Pues nosotros, los que vivimos, siempre se nos entrega a la muerte por causa de Jesús, para que también su vida se manifieste en nuestro cuerpo mortal» (2 Corintios 4:11).

José no podía servir bien a Dios en la casa de Potifar. Dios tenía que despojarlo de sus posesiones y posiciones antes que pudiera ser un instrumento en sus manos. Chuck Colson no podía servir bien a Dios en la Casa Blanca, pero se convirtió en una fuerza poderosa en la prisión. Yo había obtenido calificaciones que logré con arduo trabajo, incluidos cinco títulos, pero no era útil para Dios hasta que sufrí la pérdida de todas las cosas.

Ahora sé que no puedo libertar al cautivo ni vendar al quebrantado de corazón, pero Dios sí. Cada libro que he escrito y cada cinta que he grabado ha sido después de esta experiencia. Ese período de quebrantamiento fue el principio del Ministerio de Liberación en Cristo, que se ha difundido en todo el mundo. «Sin dolor, no hay calor», dice el profesor de gimnasia. También vale en la esfera espiritual. Recuerde el segundo punto de Isaías: No sea creador de su propia luz. La luz de confección humana es muy engañosa.

## Una lección de confianza

El último punto que Isaías plantea es: «Confíe en el nombre de Jehová y dependa de su Dios» (Isaías 50:10). Andar en las tinieblas es una lección de confianza. Todo gran período de crecimiento personal en mi vida y ministerio ha sido precedido de un importante período de prueba. Como ya mencioné, el primero me llevó a mi designación para enseñar en la Escuela de Teología Talbot, y el segundo condujo al nacimiento de Ministerios de Liberación en Cristo.

Posiblemente la mayor señal de madurez espiritual es la disposición a posponer las recompensas. La prueba suprema para nosotros sería no recibir recompensa en esta vida mientras seguíamos esperando recibir la recompensa en la vida venidera. Así sucedió con los héroes de Hebreos 11:

> Todos ellos vivieron por la fe, y murieron sin haber recibido las cosas prometidas; más bien, las reconocieron a lo lejos, y confesaron que eran extranjeros y peregrinos en la tierra (v. 13).

Luego, en el versículo 39 dice:

> Aunque todos obtuvieron un testimonio favorable mediante la fe, ninguno de ellos vio el cumplimiento de la promesa.

Si hubiera sabido de antemano lo que mi familia tendría que pasar para llegar donde estamos hoy, probablemente yo no habría venido. Pero al mirar hacia atrás podemos decir: «Estamos contentos de haber venido». Por eso es que Dios no nos muestra lo que hay al otro lado de la puerta. Recuerde, al final Dios hace que todo resulte para bien. Aunque quizá no sea en esta vida, como ocurrió con los que se mencionan en Hebreos 11, creo con todo mi corazón que cuando la vida ha corrido y miramos hacia atrás, todos diremos que la voluntad de Dios es buena, aceptable y perfecta.

No es el crítico el que importa, ni el hombre que señala cómo los grandes se tambalean o en qué el hacedor de obras pudo hacerlas mejor. El mérito es del hombre que se encuentra de veras en la arena con el rostro estropeado por el polvo, el sudor y la sangre; que lucha con valor, que yerra y se equivoca muchas veces; que conoce los grandes entusiasmos, las grandes devociones y se gasta en una causa digna; que a lo mejor conoce al final el triunfo de un elevado logro; y en el peor de los casos, si falla, por lo menos falla buscando lo grande, por lo que su lugar nunca estará con esas almas frías y tímidas que no conocen ni la victoria ni la derrota.

—Teodoro Roosevelt

Estamos en la arena de la vida, pero no debemos temer el resultado de la batalla. Podemos decir esto con confianza. La batalla no es nuestra, sino del Señor. Tenemos su verdad, y Él ha hecho toda provisión a nuestro favor. Satanás no tiene lugar en nuestra vida. El Espíritu Santo nos guía y protege. Que el Señor continúe llenándole del conocimiento de su voluntad.

## PREGUNTAS PARA MEDITAR Y DEBATIR

1. ¿Cuáles son las tres características de una persona libre?

2. ¿Ha pasado recientemente o está pasando por una experiencia como la de Job? ¿Qué sentimientos le suscita?

3. Si las seguridades de ayer han sido sustituidas por las incertidumbres del mañana, ¿cómo puede usted regresar a las seguridades de Dios?

4. ¿Ha dudado usted alguna vez en las tinieblas lo que Dios claramente le mostró en la luz?

5. Según las experiencias de Abraham y Moisés, ¿cuáles podrían ser algunas de las consecuencias de crear nuestra propia luz?

6. ¿Qué puede usted esperar en el futuro si trata de sobrevivir la noche?

7. ¿Cuál es la lección más importante que debemos aprender en el ministerio divino de las tinieblas?

8. Si lo único que le queda es Dios, unos pocos amigos y su familia íntima, ¿sería eso suficiente para usted?

9. La capacidad de posponer las recompensas, ¿cómo le ha ayudado para salir bien en la escuela, el trabajo o la iglesia?

CAPÍTULO SIETE

# Intimidad con Dios

*Dile a Dios cuanto tengas en tu corazón,
como cuando uno descarga con un querido amigo.
Las personas que no tienen secretos entre sí jamás
carecen de temas de conversación; no pesan sus palabras,
porque nada tienen que ocultar. Tampoco tienen
que buscar algo que decir: conversan de la abundancia
de su corazón, exactamente de lo que piensan.
Bienaventurados los que alcanzan este tipo
de conversación con Dios, familiar
y sin reservas.*
FRANÇOIS FENELON

SI DESEA INTIMIDAD CON DIOS en una vida dinámica de oración, el proceso delineado en este capítulo le ayudará a lograr dicho objetivo. Los siguientes pasos dan la oportunidad para que tenga un encuentro con Dios.[5] En cada paso se someterá a Él y resistirá al diablo (Santiago 4:7). Este proceso de arrepentimiento es un medio para la solución de los conflictos personales y espirituales que le han impedido llevar una eficaz vida de oración. Su vida de libertad en Cristo será el resultado de lo que usted decida creer, confesar, perdonar, renunciar y abandonar. Nadie puede hacer esto por usted.

## La batalla por su mente

Durante el proceso usted puede sufrir una batalla por el dominio de su mente. Sin embargo, los pensamientos opuestos no pueden producirle un efecto negativo a menos que los crea. Si le llegan pensamientos fastidiosos como «Esto no va a servir», o «Dios no me ama», no les preste atención. Habrán desaparecido cuando usted haya terminado.

Usted ganará la batalla por su mente si personalmente elige la verdad, y disfrutará de su libertad en Cristo cuando Dios le conceda el arrepentimiento. A lo largo del proceso, recuerde que Satanás no puede actuar conforme a lo que usted piensa. Solo Dios tiene un conocimiento completo de nuestra mente, porque solo Él es omnisciente (que todo lo sabe). Busque un lugar reservado donde pueda procesar verbalmente cada paso. Usted puede someterse a Dios interiormente, pero necesita resistir al diablo leyendo en voz alta cada oración y renunciando, perdonando, confesando, etc., verbalmente.

Estos pasos tocan problemas fundamentales entre usted y Dios. Probablemente encuentre que es posible procesarlos por su propia cuenta, porque Jesús es el Admirable Consejero. Sin embargo, algunas personas necesitarán ayuda adicional. Si tiene dificultades, pídale ayuda a su pastor o a un consejero cristocéntrico, o a alguien que conozca bien los Pasos.

La obtención y conservación de su libertad se verá enormemente realzada si lee los libros *Victoria sobre la oscuridad* y *Rompiendo las cadenas*. Le ayudarán a entender mejor la realidad del mundo espiritual, su relación con Dios y cómo vivir la vida cristiana. Aunque los Pasos pueden tener un papel de importancia suprema en la continuación de su proceso de santificación, la maduración instantánea no existe. La renovación de la mente y la conformación a la imagen de Dios son procesos que duran toda la vida.

Independientemente de la fuente de la dificultad que usted pueda tener, nada tiene que perder, pero sí mucho que ganar al orar por estos temas. Si sus problemas provienen de una fuente distinta de la cubierta por los Pasos, busque ayuda profesional. En los Pasos el centro es su relación con Dios. La falta de solución para cualquiera de estos problemas afectará su intimidad con Él y su vida de oración. «Quien encubre su pecado jamás prospera; quien lo confiesa y lo deja, halla perdón» (Proverbios 28:13). Pablo escribió: «Ya que por la misericordia de Dios tenemos este ministerio, no nos desanimamos. Más bien, hemos renunciado a todo lo vergonzoso que se hace a escondidas; no actuamos con engaño ni torcemos la palabra de Dios. Al contrario, mediante la clara exposición de la verdad, nos recomendamos a toda conciencia humana en la presencia de Dios» (2 Corintios 4:1-2).

## Confíe en Dios y su dirección

Cada Paso lleva una explicación, de manera que usted no tendrá problema para saber lo que tiene que hacer. No importa si hay o no malos espíritus presentes; Dios siempre está presente y es todopoderoso. Si nota alguna resistencia, deténgase y ore. Si experimenta oposición mental, ignórela. Es solo un pensamiento, y no puede tener poder sobre usted a menos que usted le dé credibilidad.

A lo largo del proceso pedirá a Dios que lo guíe. Él es quien concede arrepentimiento y el que guía al conocimiento de la verdad que da libertad (2 Timoteo 2:24-26). Inicie los Pasos con la siguiente oración y declaración (no es necesario leer las palabras entre paréntesis, que son solo para aclaración o referencia).

*Oración*
*Amado Padre celestial, reconozco tu presencia en esta sala y en mi vida. Tú eres el único Dios omnisciente (que todo lo sabe), omnipotente (todopoderoso) y omnipresente (siempre presente). Yo dependo ti, y sin ti, nada puedo hacer. Me apoyo en la verdad de que toda autoridad en el cielo y en la tierra ha sido dada a Cristo resucitado, y puesto que estoy en Cristo, participo de esa autoridad para hacer discípulos y dar libertad a los cautivos. Te ruego que me llenes de tu Espíritu Santo y*

*me guíes a toda verdad. Pido que me des tu completa protección y tu dirección. Te lo ruego en el nombre de Jesús, amén.*

Declaración
*En el nombre y autoridad del Señor Jesucristo, ordeno a Satanás y a todo espíritu malo que me dejen libre para conocer, elegir y hacer la voluntad de Dios. Como hijo de Dios sentado con Cristo en los lugares celestiales, ordeno a todo espíritu maligno que salga de mi presencia. Pertenezco a Dios, y el maligno no me toca.*

## Paso 1: Falsedad frente a realidad

El primer paso es renunciar (rechazar verbalmente) a toda participación presente o pasada en prácticas ocultistas, enseñanzas de sectas y rituales, y a toda religión no cristiana. Renuncie a cualquier actividad o grupo que niega a Jesucristo u ofrece dirección por medio de alguna fuente que no sea la autoridad de la Biblia. También debe renunciar a todo grupo que requiera iniciación secreta, ceremonias a oscuras o pactos. Comience este paso orando en voz alta:

*Amado Padre celestial, te ruego que traigas a mi mente cualquier cosa que haya en mí a sabiendas o sin saberlo que contenga ocultismo, secta o enseñanzas y prácticas no cristianas. Quiero disfrutar de tu libertad renunciando a toda enseñanza y a toda práctica falsa. Te lo ruego en el nombre de Jesús, amén.*

Aun si usted participó en algo que pensaba era solo un juego o un pasatiempo, debe renunciar a eso. Satanás tratará de aprovecharse de cualquier cosa que pueda en nuestra vida, de modo que siempre es sabio ser tan minucioso como le sea posible. Aun si solo estuvo observando cuando otros lo hacían, debe renunciar a su participación pasiva. Puede ser que en aquel tiempo no se daba cuenta de que lo que sucedía era malo. De todos modos debe renunciar a ello.

Si algo le viene a la mente y no está seguro de lo que debe hacer, confíe en el Espíritu Santo, que está respondiendo su oración y renuncie a ello.

La siguiente lista de cuestiones espirituales que no son cristianas abarca a muchos de los grupos y prácticas más comunes del ocultismo, sectas y otros no cristianos. Sin embargo, no es una lista completa. Dios le capacitará para recordar otras experiencias que no están en la lista, en las que estuvo involucrado personalmente.

Después de la lista de control hay algunas preguntas adicionales que tienen el objetivo de llevarlo a estar consciente de otras cosa que necesita reconocer y renunciar a ellas. A continuación de las preguntas hay una breve oración de confesión y renuncia. Ore en voz alta, y complete los espacios en blanco con los grupos, enseñanzas o prácticas que el Espíritu Santo le ha preparado para renunciar durante este período de evaluación personal.

*Lista de control de grupos y prácticas espirituales no cristianas*
  *(Marque todas aquellas en las que haya participado)*
  ❏ Experiencias extracorpóreas (proyección astral)
  ❏ Tablero Ouija
  ❏ Bloody Mary [Maldita María]
  ❏ Liviano como una pluma (u otros juegos ocultos)
  ❏ Elevación de mesas
  ❏ La mágica Bola-8
  ❏ Conjuros o maldiciones
  ❏ Telepatía o control de la mente de otros
  ❏ Escritura automática
  ❏ Trances
  ❏ Espíritus guías
  ❏ Decir la suerte o adivinación (por ejemplo, con hojas de té)
  ❏ Cartas Tarot
  ❏ Levitación
  ❏ Magia — La Asamblea
  ❏ Brujería y hechicería
  ❏ Satanismo

- Quiromancia
- Astrología y horóscopos
- Hipnotismo
- Sesiones de espiritismo
- Magia negra o blanca
- Juegos fantásticos con imágenes ocultistas
- Pactos de sangre o sajarse intencionalmente
- Objetos de adoración, cristales o encantamientos para la buena suerte
- Espíritus sexuales
- Artes marciales (misticismo o devoción al sensei)
- Supersticiones
- Mormonismo (Santos de los últimos días)
- Testigos de Jehová (Salones del Reino)
- Nueva Era (libros, objetos, seminarios, medicina)
- Masonería
- Ciencia cristiana
- Sectas ciencia de la mente
- El Camino Internacional
- Iglesia Unificación (Munitas)
- El Foro (est)
- Iglesia de la Cienciología
- Universalismo unitario
- El Método Silva de Control Mental
- Meditación trascendental
- Yoga
- Hare Krishna
- Bahaísmo
- Culto a los espíritus de los nativos norteamericanos
- Islam
- Hinduismo
- Budismo (incluido el Zen)
- Creencias de los musulmanes negros
- Rosacruces
- Juegos ocultistas o violentos de video o de computadoras en línea

1. ¿Ha sentido, visto u oído un ser espiritual en su cuarto?

2. ¿Tiene pesadillas que se repiten? Renuncia específicamente a cualquier temor que tenga.

3. ¿Tiene, o ha tenido un amigo imaginario, espíritu guía, o ángel que le ofrece dirección o compañía? (Si tiene nombre, renuncie a él por su nombre.)

4. ¿Ha oído voces en su cabeza o tiene pensamientos fastidiosos y repetitivos tales como «Soy un necio», «Soy feo», «Nadie me quiere», «Nada me sale bien», como si ocurriera una conversación dentro de su cabeza? (Ponga en una lista todo pensamiento fastidioso específico.)

5. ¿Ha consultado a un médium, espiritista o intermediario?

6. ¿Ha visto o ha establecido contacto con seres que pensó eran extraños?

7. ¿Ha hecho un voto o pacto secreto (voto interior, por ejemplo: «Nunca haré...»)?

8. ¿Se ha visto envuelto en un rito satánico de alguna especie?

9. ¿Qué otras experiencias espirituales ha tenido usted que eran malignas, confusas o aterradoras?

Cuando haya completado su lista y las preguntas, confiese y renuncie a cada asunto en el que participó pronunciando en voz alta la siguiente oración:

*Señor, confieso que he participado en* _____
_____, *y renuncio a*_____.
*Te doy gracias porque en Cristo he sido perdonado.*

## Paso 2: El engaño frente a la verdad

La Palabra de Dios es verdadera, y es necesario que aceptemos su verdad en las partes más íntimas de nuestro ser (Salmo 51:6). *Sintamos* o no que es la verdad, *necesitamos* creer que sí lo es. Jesús es la Verdad, el Espíritu Santo es el Espíritu de verdad, y la Palabra de Dios es la verdad; y somos amonestaos a hablar la verdad en amor (véase Juan 14:6; 16:13; 17:17; Efesios 4:15).

El creyente en Cristo jamás debe engañar a otros con mentiras «blancas», exageraciones, medias verdades, ni participando en cuestiones que se relacionen con falsedades. Satanás es el padre de las mentiras, y procura mantener a las personas esclavizadas por medio del engaño. Es la verdad la que nos da la libertad en Jesús (véase Juan 8:32-36,44; 2 Timoteo 2:26; Apocalipsis 12:9). Hallamos verdadero gozo y libertad cuando dejamos de vivir la mentira y vivimos abiertamente en la verdad. Después de confesar su pecado, el rey David escribe: «¡Dichoso aquel ... en cuyo espíritu no hay engaño!» (Salmo 32:2).

Se nos ha llamado a andar en la luz (1 Juan 1:7). Cuado tenemos la seguridad de que Dios nos ama y acepta, tenemos la libertad de reconocer nuestros pecados y enfrentar la realidad en lugar de huir y escondernos de la verdad y sus dolorosas circunstancias.

Inicie este paso diciendo la siguiente oración en voz alta. No permita que ningún pensamiento amenazador, contrario, tales como «Eso es pérdida de tiempo» o «Me gustaría creer, pero no puedo», le impidan orar y elegir la verdad. Aun cuando esto sea difícil para usted, siga abriéndose paso. Dios le dará fortaleza a medida que usted confíe en Él.

*Amado Padre celestial, sé que quieres que conozca la verdad, que crea la verdad, hable la verdad y viva en conformidad con la verdad. Gracias a ti, la verdad me hará libre. De muchas maneras he sido engañado por Satanás, el padre de mentiras, y me he engañado yo mismo también.*

*Padre, te ruego en el nombre del Señor Jesucristo y en virtud de su sangre derramada y su resurrección, que reprendas todo espíritu maligno que me esté engañando.*

*He confiado solo en Jesús para salvarme, y en consecuencia soy tu hijo perdonado. Por lo tanto, dado que me aceptas como soy en Cristo, puedo enfrentar libremente mi pecado sin tratar de esconderlo. Pido al Espíritu Santo que me guíe a toda verdad. Te ruego: «Examíname, oh Dios, y sondea mi corazón; ponme a prueba y sondea mis pensamientos. Fíjate si voy por mal camino, y guíame por el camino eterno». Te lo ruego en el nombre de Jesús, que es la Verdad. Amén.*

*(Véase el Salmo 139:23-24)*

El siguiente ejercicio le ayudará a descubrir formas en las que usted se ha engañado a sí mismo. Marque cada tipo de engaño que el Señor traiga a su mente y confiéselo, usando la oración que va después de la lista. Recuerde que usted no puede renovar instantáneamente su mente, pero el proceso no se iniciará si no está consciente del engaño.

*Formas de engañarse uno mismo*
- ❏ Oír la Palabra de Dios sin hacer lo que dice (Santiago 1:22)
- ❏ Decir que no tiene pecado (1 Juan 1:8)
- ❏ Pensar que es lo que realmente no es (Gálatas 6:3)
- ❏ Pensar que es sabio en esta era mundana (1 Corintios 3:18-19)
- ❏ Pensar que puede ser verdaderamente religioso sin poner freno a su lengua (Santiago 1:26)

*Señor, confieso que me he engañado a mí mismo al _____. Gracias por tu perdón. Me entrego a creer solo tu verdad. En el nombre de Jesús, amén.*

Ahora que usted está vivo en Cristo, complemente perdonado y totalmente aceptado, no necesita defenderse de la manera que acostumbraba a hacerlo. Ahora Cristo es su defensor. Confiese sus caminos al Señor y muéstrele que se ha engañado a sí mismo o se ha defendido equivocadamente, usando la lista y la oración de confesión que siguen:

*Formas de defenderse erróneamente*
- ❏ Negación de la realidad (consciente o inconsciente)
- ❏ Fantasía (escapar de la realidad soñando despierto, por la TV, el cine, la música, los juegos de vídeo o de computadora, las drogas, el alcohol, etc.)
- ❏ Aislamiento emocional (se aparta de las personas o se mantiene a distancia de la gente para evitar el rechazo)
- ❏ Regresión (volverse a tiempos menos amenazantes)

❑ Desplazamiento de la ira (trasladar las frustraciones a personas inocentes)
❑ Proyección (culpar a otros de sus problemas)
❑ Racionalización (crear excusas para su mala conducta)
❑ Mentir (ofrecer una falsedad o dejar una falsa imagen)

*Señor, confieso que me he defendido erróneamente al* _____. *Ahora me comprometo a confiar en ti para que me defiendas y protejas. En el nombre de Jesús, amén.*

Elegir la verdad puede resultarle difícil si usted ha creído mentiras durante años. Quizá necesite consejería adicional para ayudarle a desarraigar todos los mecanismos de defensa en que se ha apoyado para enfrentar la vida. Todo cristiano debe saber que Cristo es la única defensa que necesita. La comprensión de haber sido ya perdonado y aceptado por Dios por medio de Cristo le ayudará a darle la libertad de poner toda su confianza en Él.

*Formas en que podemos ser engañados acerca de Dios*

A veces nos vemos muy impedidos de caminar por fe en nuestro Padre Dios debido a mentiras que hemos creído acerca de Él. Debemos tener un sano temor de Dios (conscientes de su santidad, poder y presencia), pero ya no debemos temer su castigo. Romanos 8:15 (NVI) dice: «Y ustedes no recibieron un espíritu que de nuevo los esclavice al miedo, sino el Espíritu que los adopta como hijos y les permite clamar: "¡Abba! ¡Padre!"» El ejercicio siguiente le permitirá romper las cadenas de aquellas mentiras y le capacitará para disfrutar la íntima relación «Abba, Padre» con Él.

Trabaje con la lista de la página siguiente punto por punto, de izquierda a derecha. Comience cada declaración con el encabezamiento en negrita del principio de la lista. Lea la lista en voz alta.

## La verdad acerca de nuestro Padre celestial

| Renuncio a la mentira que mi Padre Dios es... | Con gozo acepto la verdad que mi Padre Dios es o está... |
|---|---|
| 1. distante y desinteresado | 1. íntimo y dedicado (Salmo 139:1-8) |
| 2. insensible y despreocupado | 2. misericordioso y compasivo (Salmo 103:8-14) |
| 3. severo y exigente | 3. receptor y lleno de gozo y amor (Sofonías 3:17; Romanos 15:7). |
| 4. pasivo y frío | 4. cálido y afectuoso (Isaías 40:11; Oseas 11:3-4) |
| 5. ausente o demasiado ocupado para atenderme | 5. siempre conmigo y deseoso de estar conmigo (Jeremías 31:20; Ezequiel 34:11-16; Hebreos 13:5) |
| 6. nunca le satisface lo que hago, es impaciente y está airado | 6. paciente y lento para la ira (Éxodo 34:6; 2 Pedro 3:9) |
| 7. mezquino, cruel o abusivo | 7. amante, manso y protector (Salmo 18:2; Jeremías 31:3; Isaías 42:3) |
| 8. trata de robarle la alegría a la vida | 8. digno de confianza y quiere darme una vida plena; su voluntad es buena, perfecta y agradable (Lamentaciones 3:22-23; Juan 10:10; Romanos 12:1-2) |
| 9. controlador y manipulador | 9. lleno de gracia y misericordia; me permite fallar (Lucas 15:11-16; Hebreos 4:15-16) |
| 10. condenador, no perdona | 10. bondadoso y perdonador; su corazón y sus brazos están siempre abiertos para mí (Salmo 130:1-4; Lucas 15:178-24) |
| 11. quisquilloso, riguroso, o perfeccionista | 11. comprometido con mi crecimiento y orgulloso de mí como hijo que crece (Romanos 8:28-29; 2 Corintios 7:4; Hebreos 12:5-11) |

### ¡Soy la niña de sus ojos!
(Deuteronomio 32:10)

*La fe debe estar basada en la verdad de la Palabra de Dios*

La fe es la respuesta bíblica a la verdad, y creer lo que Dios dice es una decisión que todos podemos hacer. Si usted dice: «Quisiera creer en Dios, pero no puedo», se está engañando. Por cierto, usted puede creer en Dios, porque lo que Dios dice siempre es la verdad. Creer es algo que usted decide hacer, no algo que usted tiene ganas de hacer.

Las falsas espiritualidades han tergiversado el concepto de fe al decir que podemos hacer que algo llegue a ser verdad creyéndolo. No podemos crear la realidad con nuestra mente. Dios es la realidad final, y solo Él puede crear algo de la nada. Nosotros enfrentamos la realidad con nuestra mente, pero no la podemos crear. Fe es decir creer y actuar sobre la base de lo que Dios dice, sin importar los sentimientos ni las circunstancias. Creer algo no lo hace verdad. *Es verdad, en consecuencia, nosotros decidimos creerla.*

«Tener fe» no basta. La pregunta clave es si el objeto de su fe es digno de confianza. Si el objeto no es confiable, ninguna cantidad de creencia será útil. Por eso es que nuestra fe debe estar fundada sobre la roca sólida de Dios y su Palabra. Creerle a Dios y a su Palabra es el único medio para llevar una vida responsable y fructífera.

Durante generaciones los cristianos han sabido la importancia de declarar públicamente lo que creen. Lea en voz alta la siguiente «Declaración de fe» mientras piensa en lo que está diciendo. Encontrará que es muy útil leerla diariamente durante varias semanas para renovar su mente con la verdad y sustituir las mentiras que ha creído.

*Declaración de fe*

1. *Reconozco que hay un solo Dios vivo y verdadero, que existe como el Padre, el Hijo y el Espíritu Santo. Es digno de todo honor, alabanza, gloria como el único que hizo todas las cosas y sustenta todas las cosas* (véase Éxodo 20:2-3; Colosenses 1:16-17).

2. *Reconozco que Jesucristo es el Mesías, el Verbo hecho carne y que habitó entre nosotros. Creo que Él vino a deshacer las obras del diablo, y que despojó a los principados y a las potestades y las exhibió públicamente, tras haber triunfado sobre ellas* (véase Juan 1:1,14; 1 Juan 3:8; Colosenses 2:15).

3. *Creo que Dios demostró su amor por mí en que siendo aún pecador, Cristo murió por mí. Creo que me ha librado de la potestad de las tinieblas y me ha trasladado a su reino, y en Él tengo redención, el perdón de los pecados* (véase Romanos 5:8; Colosenses 1:13-14).

4. *Creo que ahora soy hijo de Dios y que estoy sentado con Cristo en los lugares celestiales. Creo que soy salvo por la gracia de Dios por medio de la fe, que es un don y no el resultado de algunas obras de mi parte* (véase Efesios 2:6,8-9; 1 Juan 3:1-3).

5. *Decidí fortalecerme en el Señor y en el poder de su fuerza. No pongo confianza en la carne, porque las armas de nuestra milicia no son carnales sino poderosas en Dios para destrucción de fortalezas. Me pongo toda la armadura de Dios. Decido permanecer firme en la fe y resistir al diablo* (véase 2 Corintios 10:4; Efesios 6:10-20; Filipenses 3:3).

6. *Creo que sin Cristo nada puedo hacer, así que declaro mi entera dependencia de Él. Decidí permanecer en Cristo a fin de llevar mucho fruto y glorificar a mi Padre. Le declaro a Satanás que Jesús es mi Señor. Rechazo todos los dones falsos y las obras de Satanás en mi vida* (véase Juan 15:5,8; 1 Corintios 12:3).

7. *Creo que la verdad me hace libre y que Jesús es la verdad. Si Él me hace libre, ciertamente seré libre. Reconozco que andar en la luz es el único camino de verdadera comunión con Dios y los hombres. Por lo tanto, estoy contra todos los engaños de Satanás y llevo todo pensamiento cautivo a la obediencia a Cristo. Declaro que la Biblia es la única norma autoritativa para la verdad y la vida* (véase Juan 8:32,36; 14:6; 2 Corintios 10:5; 2 Timoteo 3:15-17; 1 Juan 1:3-7).

8. *Decidí presentar mi cuerpo en sacrificio vivo y santo y los miembros de mi cuerpo como instrumentos de justicia. Decidí renovar mi mente por medio de la Palabra viva de Dios para demostrar que la voluntad de Dios es buena, agradable y perfecta. Me he despojado del viejo hombre con sus malos hábitos y he vestido al nuevo hombre. Declaro que soy nueva criatura en Cristo* (véase Romanos 6:13; 12:1-2; 2 Corintios 5:17; Colosenses 3:9-10).

9. *Por fe decido ser lleno del Espíritu para ser guiado a toda verdad. Decidí andar en el Espíritu para no satisfacer los deseos de la carne* (véase Juan 16:13; Gálatas 5:16; Efesios 5:18).

10. *Renuncio a todos los objetivos egoístas y me decido por la meta final del amor. Decido obedecer los dos mandamientos más grandes de la ley: amar a Jehová mi Dios con todo mi corazón, con toda mi alma, con todas mis fuerzas y con todo mi entendimiento, y a mi prójimo como a mí mismo* (véase Mateo 22:37-39; 1 Timoteo 1:5).

11. *Creo que el Señor Jesús tiene toda autoridad en el cielo y en la tierra, y que es cabeza sobre todo principado y potestad. Yo estoy completo en Él. Creo que Satanás y sus demonios están sujetos a mí en Cristo puesto que soy miembro del Cuerpo de Cristo. Por lo tanto, obedezco el mandamiento de someterme a Dios y resistir al diablo, y ordeno a Satanás en el nombre de Jesucristo que salga de mi presencia* (Mateo 28:18; Efesios 1:19-23; Colosenses 2:10; Santiago 4:7).

## Paso 3: Amargura frente a perdón

Se nos manda a deshacernos de toda amargura en nuestra vida y perdonar a otros así como hemos sido perdonados (Efesios 4:31-32). Es esencial que perdonemos a los demás para nuestra libertad y nuestro andar con Dios. Satanás se aprovechará de nosotros si no perdonamos de corazón a los demás (2 Corintios 2:10-11). Pídale a Dios que traiga a su mente los nombres de personas a las que necesita perdonar diciendo en voz alta la siguiente oración:

> *Amado Padre celestial, te doy gracias por las riquezas de tu bondad, tolerancia y paciencia hacia mí, pues sé que tu bondad me guía a arrepentimiento. Confieso que no he mostrado la misma bondad y paciencia hacia los que me han dañado y ofendido. Al contrario, he retenido mi ira, amargura y resentimiento hacia ellos. Te ruego que traigas a mi mente a todas las personas a las que necesito perdonar, para hacerlo ahora. En el nombre de Jesús, amén.*

En una hoja aparte, haga una lista con los nombres de personas que Dios le traiga a la mente. En este punto no piense en si necesita o no perdonarlos. Si un nombre le viene a la mente, simplemente anótelo.

Con frecuencia tenemos cosas contra nosotros mismos, y nos castigamos por decisiones erradas del pasado. Escriba «yo» al final de la lista si necesita perdonarse usted mismo. Perdonarse es aceptar la verdad de que Dios le ha perdonado en Cristo. Si Dios le perdona, puede perdonarse usted mismo.

Al final de la lista escriba también «pensamientos contra Dios». Obviamente Dios nunca ha hecho nada incorrecto, de modo que no tenemos que perdonarle. Sin embargo, a veces, abrigamos pensamientos de ira en su contra porque no hizo lo que nosotros queríamos. Tales sentimientos de ira o de resentimiento contra Dios pueden convertirse en una muralla entre nosotros y Él, de modo que debemos dejarlos. Antes de comenzar a elaborar el proceso de perdonar a los de su lista, tómese unos pocos minutos para revisar lo que es el perdón.

- *Perdonar no es olvidar.* Las personas que quieren olvidar todo lo que les han hecho, descubren que no pueden. No deje fuera a los que le han herido, con la esperanza de que un día el dolor desaparecerá. Cuando haya decidido perdonar a alguien, Cristo podrá venir y sanar sus heridas. Pero la curación no comenzará hasta que usted primero perdone. Olvidar puede ser un subproducto a largo plazo del perdón, pero jamás significa perdonar.

- *El perdón es una elección, una decisión de su voluntad.* Puesto que Dios exige que usted perdone, es algo que usted puede hacer. A veces es difícil perdonar a alguien porque naturalmente queremos vengarnos por lo que hemos sufrido. El perdón parece ir contra nuestros sentidos de lo que es justo y bueno. Así mantenemos nuestra ira y castigamos a las personas repetidas veces en nuestra mente por el dolor que nos han causado.

  Pero Dios nos dice que no debemos buscar la venganza (Romanos 12:19). Deje que Dios trate con la persona. Deje que esa persona se suelte de su anzuelo porque mientras se niegue a perdonar, seguirá vinculado a ella. Usted aún está encadenado a su pasado, ligado a su amargura. Al perdonar, usted deja que la otra persona se desprenda de su anzuelo, pero no queda fuera de la atadura con Dios. Usted debe confiar en que el Señor tratará con esa persona con justicia y rectitud, algo que usted no puede hacer.

  «Pero, ¿no sabes cuánto me hirió esa persona?», podría usted decir. Tiene razón. Nosotros no, pero Jesús sí, y le dice a usted que perdone a los demás por amor a usted. Mientras no deje su ira y odio, la persona le seguirá perjudicando. Usted no puede retroceder el reloj y cambiar el pasado, pero puede liberarse de él. Usted puede detener el dolor, pero hay una sola forma de hacerlo: perdone de todo corazón. Perdone a los demás por amor a *usted mismo* para que sea libre de su pasado.

- *Perdonar es acceder a vivir con las consecuencias del pecado de otra persona.* No parece justo, pero todos tenemos que vivir con las consecuencias de los pecados de otra persona, nos guste o no. La única decisión verdadera es hacerlo bajo la *esclavitud de la amargura* o en la *libertad del perdón.* Si vamos a perdonar como Cristo nos perdonó debemos preguntar, ¿cómo nos perdonó Cristo? Él tomó nuestros pecados sobre sí. Cuando nosotros perdonamos hacemos lo mismo. ¿Dónde está la justicia? La cruz hace que el perdón sea legal y moralmente correcto. Jesús murió una vez por *todos* nuestros pecados.

Jesús llevó las consecuencias eternas del pecado sobre Él. «Al que no cometió pecado alguno, por nosotros Dios lo trató como pecador, para que en él recibiéramos la justicia de Dios» (2 Corintios 5:21, NVI). Todos sufrimos las consecuencias *temporales* de los pecados de otras personas, pero esa es simplemente una dura realidad de lo que es vivir en un mundo caído.

- *No espere que la otra persona le pida perdón.* Recuerde, Jesús no esperó que los que le crucificaban le pidieran perdón antes de perdonarlos. Aun cuando se burlaron y lo vituperaron, oró: «Padre, ... perdónalos porque no saben lo que hacen» (Lucas 23:34).

- *Perdone de corazón.* Deje que Dios traiga a la superficie las memorias dolorosas, reconozca cómo se siente hacia quienes le han herido. Si su perdón no toca el centro emocional de su vida, será incompleto. Con mucha frecuencia tenemos miedo al dolor por lo que sepultamos nuestras emociones en lo más profundo de nuestro ser. Que Dios las traiga a la superficie para que Él pueda comenzar a curar esas emociones heridas.

- *El perdón es decidir no sostener más el pecado de otra persona en su contra.* Es común que las personas amargadas vuelvan sobre problemas del pasado con los que han sido heridos. Desean que los otros se sientan tan mal como ellos. Nosotros debemos dejar que el pasado se vaya y debemos decidirnos por el rechazo de todo pensamiento de venganza.

Esto no significa que usted debe soportar los futuros pecados de otros. Dios no tolera el pecado, y tampoco debe tolerarlo usted. No deje que sigan abusando de usted. Tome posición contra el pecado al mismo tiempo que ejerce gracia y perdón hacia los que lo dañan. Si necesita ayuda para establecer límites bíblicos para protegerse de nuevos abusos, converse con un amigo de confianza, un consejero o con el pastor.

- *No espere hasta tener ganas de perdonar.* En este caso nunca perdonará. Tome la difícil decisión de perdonar aun cuando no sienta deseos de hacerlo. Una vez que haya decidido perdonar, Satanás soltará su poder sobre usted en ese asunto, y Dios curará sus emociones dañadas. Lo que usted ganará es la libertad, no necesariamente un cambio inmediato de sentimientos.

Ahora usted está listo para comenzar. Comience con la primera persona de la lista y haga la decisión de perdonarla por todo recuerdo doloroso que venga a su mente. Siga con esa persona hasta que haya lidiado con todos los asuntos dolorosos que recuerde. Luego, siga su tarea hacia el resto de la lista en la misma forma.

A medida que usted comienza a perdonar personas, Dios puede traerle a la mente recuerdos dolorosos que usted ha olvidado completamente. Permítale que haga esto aunque le duela. Dios quiere que usted esté completamente libre; la única forma es perdonar a esas personas. No trate de excusar la conducta del ofensor. Aun cuando sea una persona muy íntima.

No diga: «Señor, ayúdame a perdonar». Ya le ha ayudado y estará a su lado a lo largo de todo el proceso. No diga: «Señor, quiero perdonar» porque eso elude la difícil decisión que tiene que hacer. Diga: «Señor, decidí perdonar».

Por todo recuerdo doloroso que tenga de cada persona de su lista, ore en voz alta:

*Señor, decidí perdonar a (nombre de la persona) por (lo que hicieron o dejaron de hacer), y que me ha hecho sentir (cuente el sentimiento doloroso).*

Después que usted le perdone a cada persona todas las ofensas que vienen a su mente, y después de expresar honestamente cómo se ha sentido, concluya este paso orando en voz alta:

*Señor, decidí no aferrarme a mis resentimientos. Te doy gracias por darme la libertad de la esclavitud a mi amargura. Renuncio a mi derecho de venganza y te pido que sanes mis emociones dañadas. Ahora te pido que bendigas a los que me hirieron. En el nombre de Jesús te lo ruego, amén.*

## Paso 4: Rebelión o sumisión

Vivimos en una era rebelde. Muchas personas obedecen las leyes y autoridades solo cuando les conviene. Hay una falta general de respeto por los que están en el gobierno, y los creyentes a veces son tan culpables como el resto de la sociedad al abrigar un espíritu crítico y rebelde. Por cierto no estamos obligados a creer la política de nuestros líderes que violan las Escrituras, pero «den a todos el debido respeto: amen a los hermanos, teman a Dios, respeten al rey» (1 Pedro 2:17).

Dios estableció todos los gobiernos y potestades y Él exige de nosotros la sumisión para nuestra protección espiritual (Romanos 13:1-5; 1 Pedro 2:13-17). Rebelarse contra Dios y la autoridad establecida es un pecado muy grave, y da a Satanás la oportunidad de atacar. Dios exige algo más que una apariencia externa de sumisión. Quiere que de todo corazón nos sometamos a los que Él ha puesto como autoridad sobre nosotros, lo cual es para nuestra protección espiritual.

La Biblia deja en claro que tenemos dos responsabilidades principales hacia los que están en autoridad sobre nosotros: orar por ellos y someternos a ellos (Romanos 13:1-7; 1 Timoteo 2:1-2).

Para consagrarse a este estilo piadoso de vida, haga en voz alta y de todo corazón la siguiente oración:

*Amado Padre celestial, en la Biblia dijiste que la rebelión es como hechicería y que es tan mala como la idolatría. Reconozco que no he sido siempre sumiso. Al contrario, en mi corazón me he rebelado en tu contra y contra los que has puesto en autoridad sobre mí. Ruego que me muestres todas las formas de rebelión que he seguido. Ahora decido adoptar un espíritu de sumisión y un corazón de siervo. En el nombre precioso de Jesús te lo ruego, amén.*

Estar bajo autoridad es claramente un acto de fe. Al someterse, usted confía en que Dios actuará por las líneas de autoridad que ha establecido, aun cuando sean duros o atrevidos o le digan que haga lo que no quiere hacer. Puede haber ocasiones cuando sus superiores abusen de su autoridad y quebranten las leyes que ordenó Dios para protección de los inocentes. En esos casos usted necesitará buscar ayuda de una autoridad *superior* para su protección. Las leyes de su estado pueden requerir que el abuso se denuncie a la policía u otra agencia gubernamental. Si hay un continuo abuso (físico, mental, emocional o sexual), necesitará ayuda de un consejero para lidiar con la situación.

Si las autoridades abusan de su posición exigiéndole que quebrante la ley de Dios o deje su compromiso con Él, es necesario obedecer a Dios antes que a los hombres (Hechos 4:19-20). Sin embargo, sea cauteloso. No suponga que la autoridad está violando la Palabra de Dios porque le está diciendo que haga algo que no le gusta. Todos necesitamos adoptar un espíritu humilde y sumiso hacia los demás en el temor de Cristo (Efesios 5:21). Sin embargo, Dios ha establecido, además, líneas específicas de autoridad para protegernos y poner orden en nuestra vida cotidiana.

A medida que usted considere la siguiente lista, deje que el Señor le muestre maneras específicas en que usted se ha rebelado contra la autoridad. Luego, usando la oración de confesión que sigue a la lista, confiese en forma específica lo que Dios traiga a su mente.

- ❏ El gobierno civil (incluidas las leyes del tránsito, de impuestos, actitud hacia los funcionarios del gobierno) (Romanos 13:1-7; 1 Timoteo 2:1-4; 1 Pedro 2:13-17)
- ❏ Padres, padres adoptivos, o tutores legales (Efesios 6:1-3)
- ❏ Maestros, entrenadores, funcionarios de la escuela (Romanos 13:1-4)
- ❏ Empleadores, del pasado y del presente (1 Pedro 2:18-23)
- ❏ Marido (1 Pedro 3:1-4) o esposa (efesios 5:21; 1 Pedro 3:7) [*Nota para los maridos: tómese un momento para preguntar al Señor si la falta de amor a su esposa quizá esté fomentando en ella un espíritu de rebeldía. Si es así, confiéselo como una violación de Efesios 5:22-33.*]
- ❏ Líderes de la iglesia (Hebreos 13:7)
- ❏ Dios (Daniel 9:5, 9)

Por cada forma de rebelión que el Espíritu de Dios traiga a su mente, use la siguiente oración para confesar específicamente ese pecado:

*Señor, confieso que he sido rebelde contra (<u>nombre</u>) al (<u>diga lo que hizo específicamente</u>). Gracias por perdonarme esa rebelión. Decidí ahora ser sumiso y obediente a tu Palabra. Por la sangre derramada del Señor Jesucristo, te ruego que se anule toda la base ganada por los malos espíritus en mi vida debido a mi rebelión. Te lo ruego en el nombre de Jesús, amén.*

## Paso 5: Orgullo frente a humildad

El orgullo mata. Dice: «No necesito la ayuda de Dios ni de nadie. Yo me las puedo arreglar solito» ¡Ah, no, no puedes! Absolutamente necesitamos a Dios y nos necesitamos unos a otros. El apóstol Pablo escribe que «por medio del Espíritu de Dios adoramos, nos enorgullecemos en Cristo Jesús y *no ponemos nuestra confianza en esfuerzos humanos*» (Filipenses 3:3). Esa es una buena definición de humildad: no poner confianza en la carne, esto es en nosotros mismos; pero más bien «fortalézcanse con el gran poder del Señor» (Efesios 6:10). La humildad es la confianza puesta correctamente en Dios.

Proverbios 3:5-7 expresa un pensamiento similar: «Confía en el Señor de todo corazón, y no en tu propia inteligencia. Reconócelo en todos tus caminos, y Él allanará tus sendas. No seas sabio en tu propia opinión; más bien, teme al Señor y huye del mal» (Santiago 4:6-10 y 1 Pedro 5:1-10 también nos advierten que cuando somos orgullosos estamos en un grave problema espiritual.) Use la siguiente oración para expresar su compromiso de vivir humildemente delante de Dios:

*Amado Padre celestial, tú has dicho que delante de la destrucción va la soberbia y el espíritu arrogante antes de la caída. Confieso que he pensado más en mí que en los demás. No me he negado a mí mismo, ni he tomado mi cruz cada día para seguirte. Como resultado, he dado lugar al diablo en mi vida. He pecado creyendo que podía ser feliz y tener éxito por mí mismo. Confieso que he puesto mi voluntad por sobre la tuya y he puesto como centro de mi vida mi yo antes que a ti.*

*Me arrepiento de mi orgullo y egoísmo y ruego que todo el terreno que hayan ganado en mis miembros los enemigos del señor Jesucristo sea eliminado. Decido descansar en el poder y dirección del Espíritu Santo de modo que nada haga por egoísmo o engreimiento. Con mente humilde consideraré a los demás como más importantes que yo. Y decido que tú, Señor, seas el centro de mi vida.*

*Te ruego que me muestres ahora todas las formas específicas en que he vivido con soberbia. Dame poder, por medio del amor, para servir a los demás y en cuanto a la honra preferir a los demás. Ruego todo esto en el nombre manso y humilde de Jesús, mi Señor, amén.*

(Véase Proverbios 16:18; Mateo 6:33; 16:24;
Romanos 12:10; Filipenses 2:3).

Hecho este compromiso con Dios en oración, ahora permita que Él le muestre algunas formas específicas en las que ha vivido con soberbia. La lista siguiente le puede ayudar. A medida que el Señor traiga a su mente zonas de soberbia, use la oración que sigue para guiarle en su confesión.

- ❏ Tener un deseo más fuerte de hacer mi voluntad que la de Dios
- ❏ Apoyarme demasiado en mi propio entendimiento y experiencia en vez de buscar la dirección de Dios por medio de la oración y su Palabra
- ❏ Apoyarme en mis propias fuerzas y capacidades en lugar de depender del poder del Espíritu Santo
- ❏ Estar más preocupado de controlar a los demás que en el desarrollo del dominio propio
- ❏ Estar demasiado ocupado en «cosas importantes», tanto que no puedo dejar tiempo para hacer cosas pequeñas por los demás
- ❏ Tener la tendencia a pensar que no tengo necesidades
- ❏ Me es difícil reconocer que estoy equivocado
- ❏ Estoy más preocupado de agradar a los hombres que a Dios
- ❏ Estoy preocupado por lograr el crédito que creo merecer
- ❏ Pensar que soy más humilde, espiritual, religioso o devoto que los demás
- ❏ Tener el impulso de lograr reconocimientos obteniendo grados, títulos o posiciones
- ❏ Sentir con frecuencia que mis necesidades son más importantes que las de las demás personas
- ❏ Considerarme mejor que los demás por mis capacidades y logros académicos, artísticos o deportivos
- ❏ Otras formas en que tengo un concepto más alto de mí que lo que debiera tener (haga la lista a continuación):

Por cada uno de los aspectos que corresponden a su vida, ore en voz alta:

*Señor, confieso haber ido soberbio en (mencione el aspecto). Gracias por perdonarme esa soberbia. Decidí humillarme ante ti y los demás. He decidido poner toda mi confianza en ti, y no en mi carne. En el nombre de Jesús, amén.*

## Paso 6: Servidumbre o libertad

Muchas veces nos sentimos atrapados en un círculo vicioso «pecado-confesión-pecado-confesión» que parece no terminar. Podemos desalentarnos mucho y ceder para entregarnos a los deseos de la carne. Para hallar libertad debemos seguir lo que dice Santiago 4:7: «Así que sométanse a Dios. Resistan al diablo, y él huirá de ustedes». Nos sometemos a Dios por medio de la confesión de pecado y el arrepentimiento (apartarse del pecado). Resistimos al diablo al rechazar sus mentiras. Andamos en la verdad y nos vestimos de toda la armadura de Dios (véase Efesios 6:10-20).

Lograr la libertad del pecado que se ha convertido en un hábito frecuentemente necesita de la ayuda de un hermano en Cristo o hermana de confianza. Santiago 5:16 dice: «Por eso, confiésense unos a otros sus pecados, y oren unos por otros, para que sean sanados. La oración del justo es poderosa y eficaz». A veces basta la seguridad de 1 Juan 1:9: «Si confesamos nuestros pecados, Dios, que es fiel y justo, nos los perdonará y nos limpiará de toda maldad».

Recuerden, la confesión no consiste en decir «lo siento»; es reconocer francamente: «Sí, lo hice». Sea que necesite ayuda de otras personas o solo la responsabilidad de andar en la luz delante de Dios, diga la siguiente oración en voz alta:

*Amado Padre celestial, me has dicho que me vista del Señor Jesucristo y no dé ocasión a la carne y sus concupiscencias. Confieso que me he entregado a las concupiscencias de la carne que batallan contra mi alma.* Te doy gracias que en Cristo mis pecados ya han sido perdonados, pero he quebrantado tu santa ley y he dado ocasión al diablo para hacer la guerra en mis miembros. Ahora vengo delante de ti para confesar y renunciar a estos pecados de la carne de modo que puedas purificarme y liberarme de la esclavitud del pecado. Por favor, revela a mi mente todos los pecados de la carne que he cometido y las formas en que he entristecido al Espíritu Santo. Te lo ruego en el santo nombre de Jesús, amén.

(Véase Proverbios 28:13; Romanos 6:12-13; 13:14;
2 Corintios 4:2; Santiago 4:1; 1 Pedro 2:11; 5:8)

La lista siguiente contiene muchos pecados de la carne. Un examen con oración de Marcos 7:20-23; Gálatas 5:19-21; Efesios 4:25-31 y otros pasajes bíblicos le ayudará a ser más exhaustivo. Mire la lista de abajo y los pasajes bíblicos ya mencionados y pida al Espíritu Santo que traiga a su mente los pecados que necesita confesar. Él aun le puede revelar otros pecados. Por cada pecado que le muestre, haga de corazón una oración de confesión. Hay una oración de muestra después de la lista. (*Nota*: Más adelante en este paso se considerarán los pecados sexuales, el divorcio, los desórdenes alimenticios, el abuso de sustancias, el aborto, las tendencias suicidas y el perfeccionismo. Puede tener necesidad de ayuda de consejería para hallar salud y libertad completas en estos y otros aspectos.)

- ❏ Robo
- ❏ Rencillas o peleas
- ❏ Celos y envidia
- ❏ Quejas o crítica
- ❏ Sarcasmo
- ❏ Acciones lujuriosas
- ❏ Chismes y calumnias
- ❏ Vocabulario soez
- ❏ Apatía o pereza
- ❏ Mentiras

❏ Odio
❏ Ira
❏ Pensamientos lujuriosos
❏ Alcoholismo
❏ Engaños
❏ Negligencia
❏ Codicia o materialismo
❏ Otros:

*Señor, confieso que he cometido el pecado de (nombre los pecados). Gracias por tu perdón y purificación. Ahora me aparto de estos pecados y me vuelvo a ti, Señor. Fortaléceme por tu Espíritu Santo para obedecerte. En el nombre de Jesús, amén.*

**Uso sexual incorrecto de nuestro cuerpo**

Es nuestra responsabilidad no permitir que reine el pecado en nuestros cuerpos mortales. Cumplimos esto cuando usamos nuestros cuerpos o los de otra persona como instrumentos de injusticia (véase Romanos 6:12-13). La inmoralidad sexual no es solo un pecado contra Dios, sino contra su propio cuerpo, el templo del Espíritu Santo (1 Corintios 6:18-19). Para hallar libertad de la servidumbre sexual, comience haciendo la siguiente oración:

*Señor, te ruego que traigas a mi mente todo uso sexual de mi cuerpo como instrumento de injusticia de modo que pueda renunciar a esos pecados sexuales y, en Cristo, romper su esclavitud. Te lo ruego en el nombre de Jesús, amén.*

A medida que el Señor le traiga a la mente todo uso sexual incorrecto de su cuerpo, sea que se lo hayan hecho a usted (violación, incesto, acoso sexual) o que los haya hecho usted voluntariamente (pornografía, masturbación, inmoralidad sexual), renuncie en cada ocasión:

*Señor, renuncio (<u>nombre el uso específico de su cuerpo</u>) con (<u>nombre a toda persona involucrada</u>). Te ruego que rompas esta atadura pecaminosa y emocional con (<u>nombre).</u>*

Cuando haya terminado, consagre su cuerpo al Señor y ore:

*Señor, renuncio a todos esos usos de mi cuerpo como instrumento de injusticia, y reconozco toda participación voluntaria. Decidí presentar ahora mis ojos, boca, mente, corazón, manos, pies y órganos sexuales a ti como instrumentos de justicia. Ofrendo todo mi cuerpo a ti como sacrificio vivo, santo y agradable. He decido reservar el uso sexual de mi cuerpo exclusivamente para el matrimonio.*

*Rechazo la mentira del diablo de que mi cuerpo no es limpio o que es inmundo, o en alguna manera inaceptable para ti como resultado de mis pasadas experiencias sexuales. Señor, te doy gracias porque me has limpiado y perdonado completamente y porque me amas y aceptas tal como soy. Por lo tanto, decido aceptarme yo y mi cuerpo como limpios delante de tus ojos. En el nombre de Jesús, amén.*

**Oraciones especiales para necesidades especiales**

*Divorcio*

*Señor, confieso la parte que he tenido en mi divorcio (pida al Señor que le muestre los detalles). Gracias por tu perdón, y decido no condenarme a mí mismo. Renuncio a la mentira de que el divorcio afecta mi identidad en Cristo. Soy hijo de Dios, y rechazo la mentira de que soy un cristiano de segunda categoría debido a mi divorcio. Rechazo la mentira de que soy indigno, indigno de ser amado, y que mi vida está vacía y sin sentido. Estoy completo en Cristo, que me ama y acepta como soy. Señor te encomiendo la curación de todas las heridas de mi vida, como he decidido perdonar a los que me han dañado. Pongo en tus manos mi futuro y decido buscar compañía humana en tu iglesia. Me rindo a tu voluntad respecto de tener otra pareja. Te ruego esto en el nombre sanador de Jesús, mi Salvador, Señor, y amigo íntimo, amén.*

Homosexualidad
*Señor, renuncio a la mentira de que me creaste a mí y a otras personas para ser homosexuales, y acepto tu Palabra en que claramente prohíbe la conducta homosexual. He decidido aceptarme como hijo de Dios, y te doy gracias porque me creaste hombre (o mujer). Renuncio a todo pensamiento, presiones, impulsos y actos homosexuales y renuncio a todas las forma en que Satanás ha usado esas cosas para pervertir mis relaciones. Declaro que soy libre en Cristo para relacionarme con el sexo opuesto y con mi propio sexo en la forma que tú querías. En el nombre de Jesús, amén.*

Aborto
*Señor, confieso que no he sido un buen custodio y guardián de la vida que me confiaste, y lo reconozco como pecado. Reconozco que esa criatura está bajo tu protección por toda la eternidad. En el nombre de Jesús, amén.*

Tendencias suicidas
*Señor, renuncio a los pensamientos suicidas y a todos los intentos que he hecho de quitarme la vida o en alguna manera dañarme a mí mismo. Renuncio a la mentira de una vida sin esperanza y que puedo hallar paz y libertad quitándome la vida. Satanás es un ladrón que ha venido a robar, matar y destruir. Escogí la vida en Cristo, que dice que vino a darme vida y vida en abundancia. Gracias por tu perdón que me permite perdonarme a mí mismo. Decidí creer que siempre hay esperanzas en Cristo. Te lo ruego en el nombre de Jesús, amén.*

*Compulsión y perfeccionismo*

*Señor, renuncio a la mentira de que depende de mi capacidad para hacer las cosas. Declaro la verdad que mi identidad y sentido de dignidad se encuentran en lo que yo soy como hijo tuyo. Renuncio a buscar la aprobación y aceptación de otras personas, y decido creer que ya he sido aprobado y aceptado en Cristo por su muerte y resurrección en mi favor. Decidí creer la verdad de que soy salvo, no por obras hechas en justicia sino según tu misericordia. Decidí creer que ya no estoy bajo la maldición de la ley, porque Cristo fue hecho maldición por mí. Recibo el don gratuito de la vida en Cristo y decido permanecer en Él. Renuncio a vivir bajo la ley luchando por el perfeccionismo. Por tu gracia, Padre celestial, decido, desde este día, andar por la fe en el poder de tu Espíritu Santo según lo que tú has dicho que es la verdad. En el nombre de Jesús, amén.*

*Desórdenes alimenticios y maltrato del cuerpo*

*Señor, renuncio a la mentira de que mi valor como persona depende de mi apariencia o de mis hechos. Renuncio a herirme o a abusar de mí mismo, a vomitar, usando laxantes, o a pasar hambre como un medio de controlar y alterar mi apariencia o tratar de limpiarme del mal. Declaro que solo la sangre del Señor Jesucristo me limpia del pecado. Comprendo que he sido comprado por precio y que mi cuerpo, templo del Espíritu Santo, pertenece a Dios. Por lo tanto, decidí glorificar a Dios en mi cuerpo. Renuncio a la mentira de que soy malo o que alguna parte de mi cuerpo es mala. Gracias porque me has aceptado como soy en Cristo. En el nombre de Jesús, amén.*

*Abuso de sustancias*

*Señor, confieso que he hecho mal uso de las sustancias (alcohol, tabaco, comida, medicamentos y drogas que se encuentra en las calles) a fin de tener placer, escapar de la realidad, o para eludir problemas difíciles. Confieso que he abusado contra mi cuerpo y he programado mi mente en una forma dañina. He apagado al Espíritu Santo también. Gracias por perdonarme. Renuncio a toda conexión o influencia satánica en mi vida por medio del mal uso de los alimentos o productos químicos. Cargo mis ansiedades en Cristo, que me ama. Me comprometo a no ceder nunca más al abuso de sustancias, en cambio decido dejar que el Espíritu Santo me dirija y me dé poder. En el nombre de Jesús, amén.*

## Paso 7: Maldiciones o bendiciones

El paso siguiente hacia la libertad es renunciar a los pecados de sus antepasados y a todas las tareas satánicas dirigidas en su contra o contra su ministerio. Según los Diez Mandamientos, las iniquidades pueden pasar de una generación a la siguiente si usted no renuncia a los pecados de sus antepasados y reclama su nueva herencia espiritual en Cristo. Usted no es culpable del pecado de ningún antepasado, pero debido al pecado de ellos, usted podría estar genéticamente predispuesto a ciertos poderes o debilidades y recibir la influencia de la atmósfera física y espiritual en que fue criado. Estas condiciones pueden contribuir a provocar que luche contra algún pecado en particular. Pida al Señor que le muestre específicamente qué pecados son característicos de su familia haciendo la siguiente oración:

*Amado Padre celestial, te ruego que reveles a mi mente todos los pecados de mis antepasados que se transmiten por la línea familiar. Quiero ser libre de estas influencias y andar en mi nueva identidad como hijo de Dios. En el nombre de Jesús, amén.*

A medida que el Señor traiga los asuntos de pecado familiar a su mente, haga una lista a continuación. Más adelante, usted renunciará específicamente a ellos en este paso.

A fin de andar libre de los pecados de sus antepasados y de cualquier tarea asignada en su contra, lea la siguiente declaración y diga en voz alta la siguiente oración. Recuerde que tiene toda la autoridad y protección que necesita en Cristo para tomar posición contra Satanás y sus demonios.

*Declaración*
*Aquí y ahora rechazo y desecho todos los pecados de mis antepasados. Específicamente renuncio a los pecados de (<u>nombre de los asuntos pecaminosos de la familia que el Señor le haya revelado</u>). Como quien ha sido librado de la potestad de las tinieblas, y ha pasado al reino del Hijo de Dios, decido creer que todos los pecados e iniquidades de mis antepasados han sido confesados y que ahora estoy perdonado y purificado en Cristo.*

*Como crucificado y resucitado con Cristo que está sentado en los lugares celestiales con Él, renuncio a todas las obras satánicas dirigidas en mi contra y contra mi ministerio. Decido creer que Jesús ha quebrantado toda maldición que Satanás y sus siervos hayan puesto sobre mí. Anuncio a Satanás y a todas sus fuerzas que Cristo fue hecho maldición por mí cuando murió en la cruz por mis pecados. Rechazo todas y cada una de las formas en que Satanás pueda pretender ser mi dueño. Pertenezco al Señor Jesucristo, que me compró con su sangre. Rechazo todos los sacrificios sangrientos por medio de los cuales Satanás pueda reclamar su derecho de propiedad sobre mí. Declaro haber cedido completa y eternamente mi ser al Señor Jesucristo consagrándome a Él. Por la autoridad que tengo en Cristo, ahora ordeno que todo enemigo del Señor Jesucristo se retire de mi presencia. Me consagro a mi Padre celestial para hacer su voluntad desde ahora en adelante.*

*Oración*
*Amado Padre celestial, vengo a ti como tu hijo, redimido de la esclavitud por la sangre del Señor Jesucristo. Tú eres el Señor del universo y Señor de mi vida. Someto a ti mi cuerpo*

*como instrumento de justicia, sacrificio vivo y santo, para que pueda glorificarte en mi cuerpo. Ahora te ruego que me llenes de tu Espíritu Santo. Me consagro a la renovación de mi entendimiento para demostrar que tu voluntad es buena, agradable y perfecta para mí. Esto lo ruego en el nombre y autoridad del resucitado Señor Jesucristo, amén.*

## Su identidad

Su identidad y sentido de dignidad viene de saber quién es usted en el señor Jesucristo. Su necesidad de ser *aceptado, seguro y significativo* solo puede llenarla plenamente en su relación eterna con Dios. Como ejercicio final, le invito a meditar en las siguientes verdades de mi libro *Who I Am in Christ*. Lea la lista en voz alta hasta que se convenza de que usted es hijo de Dios, y que él se hará cargo de sus necesidades conforme a sus riquezas en gloria:

*En Cristo*
  Soy hijo de Dios (Juan 1:12)
  Soy amigo de Cristo (Juan 15:5)
  He sido justificado (Romanos 5:1)
  Estoy unido con el Señor y soy un espíritu con Él
  (1 Corintios 6:17)
  He sido comprado por precio; pertenezco a Dios
  (1 Corintios 6:19-20)
  Soy miembro del Cuerpo de Cristo (1 Corintios 12:27)
  Soy santo (Efesios 1:1)
  He sido adoptado como hijo de Dios (Efesios 1:5)
  Tengo acceso directo a Dios por medio del Espíritu Santo
  (Efesios 2:18)
  He sido redimido y perdonado de todos mis pecados
  (Colosenses 1:14)
  Estoy completo en Cristo (Colosenses 2:10)

*Renuncio a la mentira de que soy culpable y de que estoy desamparado, solitario o abandonado, porque en Cristo estoy complemente seguro. Dios dice que...*

Soy libre de condenación (Romanos 8:1-2)
Estoy seguro que todas las cosas ayudan a bien
(Romanos 8:28)
Soy libre de todas las acusaciones en mi contra
(Romanos 8:31-34)
Nada me puede apartar del amor de Dios (Romanos 8:35-39)
Dios me ha confirmado, ungido y sellado
(2 Corintios 1:21-22)
Confío que la buena obra que Dios comenzó en mí será
perfecta (Filipenses 1:6)
Soy ciudadano del cielo (Filipenses 3:20)
Estoy escondido con Cristo en Dios (Colosenses 3:3)
No tengo espíritu de cobardía, sino de poder, de amor y de
dominio propio (2 Timoteo 1:7)
Puedo hallar gracia para el oportuno socorro (Hebreos 4:16)
He nacido de Dios y el maligno no me toca (1 Juan 5:18)

*Renuncio a la mentira de que soy indigno, inadecuado, y de que estoy desamparado y sin esperanzas, porque en Cristo soy profundamente significativo. Dios dice que...*

Yo soy la sal de la tierra y la luz del mundo (Mateo 5:13-14)
Soy un sarmiento de la Vid verdadera, Jesús, un canal de
su vida (Juan 15:1-5)
Me ha elegido para llevar fruto (Juan 15:16)
Soy testigo personal de Cristo, con poder del Espíritu
(Hechos 1:8)
Soy templo de Dios (1 Corintios (3:16)
Soy ministro de reconciliación de Dios (2 Corintios 5:17-21)
Soy colaborador de Dios (2 Corintios 6:1)
Estoy sentado con Cristo en los lugares celestiales
(Efesios 2:6)

Soy hechura de Dios, creado para buenas obras (Efesios 2:10)
Tengo acceso a Dios con libertad y confianza (Efesios 3:12)
Todo lo puedo en Cristo que me fortalece (Filipenses 4:13)[6]

# NOTAS

1. *The Steps to Freedom in Christ* se puede comprar como un libro en cualquier librería cristiana o en Freedom in Christ Ministries. Los Pasos también se encentran en mi libro *Rompiendo las cadenas* (Editorial Unilit). Para una discusión detallada sobre el modo de ayudar a otros, véase mi libro *Discipleship Counseling* (Regal Books, 2003).

2. Después de nuestras conferencias sobre la vida de libertad en Cristo, ofrecemos citas personales para los que no pueden seguir los Pasos en un grupo, pero pueden hacerlo con un orientador con experiencia. A esos cristianos se les da una cita extensa que puede durar varias horas, según el grado de dificultad de sus conflictos y su conocimiento de Dios y sus caminos.

    En una conferencia hicimos una prueba de diagnóstico a los aconsejados antes de la sesión. Luego se hizo otra tres meses más tarde. Los resultados de esa conferencia mostraron una mejoría notable en una cantidad de aspectos: 57% en depresión, 54% en ansiedad, 49 % en temor, 55% en ira, 50% en pensamientos torturadores, 53 % en hábitos negativos y 5% en autoestima. En la consejería cristiana, para más resultados en la investigación, testimonios acompañados de explicaciones e instrucciones sobre el uso de esa metodología, véase Neil T. Anderson, Fernando Garzón, y Judy King, *Released from Bondage* (Nashville, TN: Thomas Nelson Publishers. 2002).

3. John R. W.Stott, *Tyndale New Testament Commentaries: The Epistles of John* (Grand Rapids, MI: Wm.B. EerdmansPublishing Company, 1964), p. 189. Stott además comenta: «Se puede objetar, si el pecado de muerte es la blasfemia del Espíritu Santo, cometido por un incrédulo empedernido, ¿cómo Juan lo llama hermano? Para ser exacto, no lo es. Aquel cuyo pecado no es de muerte se denomina hermano; el que comete pecado de muerte no se nombra ni se le describe» (p. 189).

    Respecto de la oración «Dios le dará vida» (v.16), Stott observa: «Puesto que Dios es el dador de vida, y dado que el pedir es la parte del hombre y el dar es de Dios, algunos han sugerido un cambio de sujeto en medio de la oración, de modo que el segundo se refiere a Dios y no al intercesor. Pero en griego los verbos están tan sencilla y estrechamente acoplados que un sujeto nuevo sería forzado». Es mejor aceptar la atribución de una eficacia real a la oración (como en el versículo 15) de modo que, bajo Dios. El que pide por un hombre se puede decir no solo lo obtiene para él, sino que se lo da. En cualquier caso el que recibe vida es el pecador, no el intercesor (p. 190).

4. Teodoro Epp, *Praying with Authority* (Lincoln, NE; Back to the Bible Broadcast, 1965), p. 93.

5. Esta versión condensa de los Pasos hacia la Libertad en Cristo se toma del libro de Niel T. Anderson, *Living Free in Christ* (Ventura, CA: Gospel Light Publications, 1995) © 1995 por Gospel Light / Regal Books, Ventura, CA 93003. Usado con permiso. Para una versión más extendida de los Pasos, véase la nota 1.

6. Adaptado de Neil T. Andersomn, *Who I Am in Christ* (Ventura, CA: Gospel Light Publications, 2001). © 2001 por Gospel Light / Regal Books Ventura CA 93003. Usado con permiso.